清・葉封撰

嵩陽石刻集記

中國書店

詳校官主事臣陳木

臣紀昀覆勘

欽定四庫全書

史部十四

嵩陽石刻集記

目録類 金石之屬

提要

臣等謹案嵩陽石刻集記二卷

國朝葉封撰封字井叔黄州人順治己亥進士

官至工部虞衡司主事是編乃康熙癸丑封

官登封知縣時作也登封地在嵩山南故其

所録碑刻以嵩陽爲名考此書初出之時顧

炎武潘耒嘗議之炎武之言曰開母廟石闕銘重曰二字出於楚辭遠遊篇所謂言之不足而長言之也井叔誤以為重日而言是年月一行按此一行今存六字二年之下重曰之上空石耒錫益明其非紀日矣耒之言曰太安二年後魏中嶽廟碑今在登封縣天寶十四載少林寺還天王師子記今在少林寺井叔石刻集記不知何以遺之此其說誠然

炎武金石文字記采此紀者不一而足而景日昐説嵩金石類亦全用此紀古今金石之書其備載全文者在宋惟洪适之隸釋隸續在明惟都穆之金薤琳瑯餘不過題跋而已此書録取碑文便于叅考漢嵩山太室神闕銘開母廟石闕銘少室神道石闕銘以及唐之則天封祀壇碑夏日遊石淙詩歐陽趙洪皆失載而此記能收之洪書但載漢魏歐趙

二録僅迄五代此書載及宋金元明東魏嵩陽寺碑文東譌東矩譌短駉譌迥苑譌菀洋譌庠此書能是正之王士禎蠶尾集有封誌銘稱其精爾雅說文訓故工於篆隸又稱其手斷嵩志二十一卷復旁搜漢唐以來碑板文字別為石刻集記二卷辨證精博人比之劉原父薛尚功則當時亦重其書矣乾隆四十九年三月恭校上

總纂官臣紀昀臣陸錫熊臣孫士毅

總校官臣陸費墀

嵩陽石刻集記序

癸丑秋七月余方寂處一室披繹周子太極之書窮萬物散殊之理適慕廬葉公以所編嵩陽石刻集記見示且命一言為序余覽之乃作而歎曰嗟乎是亦一太極也夫太極之理無所不在即陰陽而在陰陽即五行而在五行即萬物而在萬物故一事有其興廢而興也必有其始一物有其成毀而成也若待其人斟酌於事勢之猶可為洞見於物理之不可已體察於人情之必可

安則太極存焉夫以一石刻也自漢以來葢千數百年於兹矣自宋明以來又數百年於兹矣其間握符綰綬稱長外方相後先者不乏也而忍使名山遺藏哲人往蹟日消月化泯没於山墟林莽之間違事勢而乖物理矣我公蒐之録之比類而校之别白而識之用以貽諸後人俾竹素之留與天壤相敝嗟乎是亦一太極也夫余因之有所感矣天下事其同於石刻者何限然或志有不存則相與置之耳今迹此以察公之志與其行事則

無小大動靜以及民物之生遂政治之柔剛風俗之醇漓既已皆擇其宜而措施之審其規畫而調劑之其精神所寓又寧僅石刻之搜輯而已哉後有君子循覽三復於此集知公之見諸事者不遺於理考之藝者必衷於道存其言者必求其人鑒其瑕者不掩其善謀於物者必貞之以悠久即一端而究觀其全體豈非有得於太極之無不在而燭於物理之無遺者歟若乃裒集之勤苦摹搨之精密見於俞子及公敘不具論余竊喜其

由是而知公之政且因以知學也嵩陽年家治弟耿介

拜手譔

葉子慕廬先生之宰嵩陽取其境内石刻無大小古今完闕悉身至蒐覽摹搨置署中退而摩挲其間考世次别藏否録其書法之善者或不甚善而其人名世其詩文卓爾者亟襃之間有人無足數而不斥置者以其文與書之工也自漢及唐苟不至於剥蝕殆盡則悉為登載不能全收者節録數語及姓名歲月書成適予以嵩

志之役見招入署更屬相訂命為之序夫觀人者必於所好好古者尤重其器識俗吏濡首簿書一無所嗜雖神禹嶽瀆之文宣王岐陽之石鼓無當於考最棄之如遺而陽慕名高者遠搜浚取以夸於人妍媸無別簡珠與沙礫同器猶之無好也陽城太室天地之中古帝后巡遊公卿扈從往往置離宮別邸高賢棲逸仙館梵宇交錯互置其間遺珉殘石大抵雷霆水火戰鬬之餘熊虎牛羊磨牙礪角樵夫牧子輩釋肩支枕之用不為之

録曰就銷亡其他不論即如武后封禪壇碑義凈戒壇銘徐浩嶽廟残碣數十年前猶存而今絶無片字慕盧曰此宰之事也起而録存之非必不可已之事乎歐陽永叔趙徳父鄭漁仲有集古金石之編蒐輯論定有裨史傳前乎此者北魏酈善長引註水經時存碑版之目今百不一存猶賴記載使後人知其崖略慕盧猶是志也昔太清淳化諸帖重摹鐫勒雜以偽書猶寶藏之若拱璧矧當日親書歴數千年於此者乎至於簡閲審定

不苟登録自有卓然之見歐趙諸公不得專美於前予因念人之學術神志必有獨至之處蓄於中而形見於外不自知其然而然所以古之器人者每於造次不意之間令於境内之石刻收録之若是其無棄民也夫於石刻之善者而寶惜之若是其無棄賢也夫抑於不盡善者而舍短録長若是其無棄材也夫率是道也可以宰天下予於慕廬觀其大矣癸丑暮春秀水同學俞汝言拜撰

自序

說者謂金石之壽不及竹素葢以陵谷變遷風雷薄蝕水火兵革之摧殘茍遇一焉金石輒不可保而竹素則失於彼者或存乎此其勢固不侔已雖然設有一二留傳不惟得其事辭並其形神亦存乎其間則金石之重抑豈竹素之所能及哉惟是同為千萬年之物而嶧山之銘咸陽之鑄不能與岣嶁銅槃等貴則是金石所傳要又以其人其文為足重耳嵩山居天地之中昔時君

予過從不少顧所傳碑碣不能多有其至今存者或又不能盡善此求訪遺文昭示来世誠不易易也予忝宰斯邑間以公暇歷覽諸勝凡古石刻皆得蒐而觀之大抵唐人之筆佳者十七宋人而下妍不勝媸予念名山勝地遠者難至既多託諸卧遊而古刻之存者世亦無由盡見日月逾邁並此再湮豈不重可惜歟因為集而記之以貽好事者名之曰嵩陽石刻集記輯其可傳之書敘論以識之俾世之覽者如身履其地而鏡其原委

焉亦庶幾觀古之一助爾嗚呼嵩於晉宋之代密邇京
國漢唐諸君巡幸屢及宜其磨崖勒銘不可勝數乃志
傳所載唐世諸篇已多湮没即如張傑戒壇銘徐浩嶽
廟斷碑在明嘉隆間猶存今皆不可復得如是而使古
文之壽僅留竹素故可悲矣好古之士得不以今之所
存者為尤重哉康熙十有二年歲次癸丑仲春楚黃葉
封題於仰嵩堂

凡例 七則

一敘次先篆書次隸書次正書次行書而一類中又以
御書御製奉敕居前餘各以年月次第之間有以類
相從者如唐金剛諸經及宋諸題名是也類從之中
亦各以年月次第之金元以下所收不多不分正行
但次年月

一書家惟尊有晉唐次之此米南宮有寶晉之名也西
晉都洛去嵩最近乃絕無其傳其歲久湮沒耶抑書

法盛於渡江以後而當時或少即今僅存東魏天平一碑小隷書則亦南朝梁武之世矣北齊諸碑大抵出於鄙人之手劣甚不足録也

一唐人如李邕有盛名其所撰嵩嶽寺碑此碑一云胡英書已不可得今所存者惟徐浩二碑為名筆宋儋次之餘不甚著然凡屬唐以上者悉在所録即書未能佳或損蝕甚者亦分别節録備考自宋以下則有去取云

一名蹟原重人文而集古石刻以字為主故如武后張

易之之穢李林甫蔡京之姦而因其書之善者姑從録入不以人廢也至若盧鴻一之銘韓退之歐陽永叔之題記高風偉望揭日月行而其書皆湮没無傳則有付之浩歎而已今並存其名以託景行之意

一凡文筆應系撰人名而兹集石刻以字為主則應系書人名令撰書姓氏可考者詳註敘論之下其目録悉系以書人姓氏觀者辨之勿疑其與志互異也

一登邑於嵩南故稱嵩陽今所録皆其在南者也其嵩

北界連偃師鞏碑碣有無不能備考即緱山昇仙太子碑以其在嵩北少遠亦置之矣

一自漢至唐凡石尚存而不可搨或未收者及志載其題文當時有碑碣而今無存者悉録其目曰紀遺附後備考

欽定四庫全書

嵩陽石刻集記卷上

工部虞衡司主事葉封撰

東漢 篆書

開母廟石闕銘

按嵩高志開作啓崔融啓母廟碑云漢避景帝諱改啓之字曰開

闕開母廟闕神道闕闕太守闕朱寵丞零闕泉陵薛政五官掾陰林户曹史夏效監掾陳修長西河圜陽馮寶丞漢陽冀祕俊廷掾趙穆户曹史張詩將作

掾嚴壽佐左福闕

百川柏鯀稱遂闕　浩浩下

民震驚闕　寫玄九山甄旅闕

漢山辛癸之間闕　斯民同心濟闕

暨又遭亂秦闕　馮神翩彼飛雉

闕　符瑞靈支挺生闕　穆清興

雲降雨闕　不歇比性乾坤闕

我君千秋萬祀闕　銘功昭眡後昆闕

延光二年闕　重日闕

德洋溢而溥優闕　則

文燿以消搖闕　皇極正而降休闕

芬茲楙于圃疇闕　木連理于芊條

闕　胙日新而累熹闕　咸來王

而會朝闕　九域闕　其修治闕

祀聖母虖山隅

右開母廟石闕題銘今見存篆書凡三十二行前

題名十行行七字内第三行止六字以少室石闕所列銜名參考之則此各行之上無闕文也後二銘共二十二行内前銘十行年月一行行十二字今止存六字後銘今止存九行每行以志載本文考之所闕多寡不齊今亦止存六字　按嵩高志云啓母廟石闕在啓母石正南漢安帝延光二年潁川守朱寵造闕銘載藝文今以志載本文考之前銘每行又闕三字葢又亡其原石一層矣後銘

尤參差並闕後神闕亨而飴格釐我后以萬祺于闕樂而罔闕永歷載而保之四句又志未載木連理于芊條六字及前題名附記于此　又按闕式以石條纍砌如墻而闕其中石質甚粗劣空地間刻雜花紋亦不工細即本篆文亦未盡善也但嵩山絶無漢時碑碣此與少室石闕同為最古悉録之以備考　搯叶夷周切條叶徒鏐切朝叶張流切隅叶魚戾切蓋古韻也熹治與祺之為一韻但

與朝隅陽韻相叶又一體耳修條本文倶从彳竝

附記之

少室神道石闕題名

闕

林芝闕日月而闕 三月三日郡陽城縣興

治神道闕 君丞零陵泉陵薛政五官掾陰林户

曹史夏效監廟掾辛述長西河圜陽馮寶丞漢陽冀祕

俊廷掾趙穆户曹史張詩將作掾嚴壽廟佐向猛趙始

右少室神道石闕題名篆書在少室東邢家鋪西

令可摹搨者凡二十一行行四字以郡陽城縣推
之則郡字上似應尚有二字以丞零陵以下與啓
母廟闕參考之則似無闕文也按薛政等銜名與
啓母廟題名大同小異其同為漢安帝年間物無
疑矣但有題名而亡其銘辭以臆度之其所云林
芝至三月三日四行似屬所題之尾而郡陽城縣
一行乃起首處也識以俟考　闕式與啓母廟闕同

東魏隸書

嵩陽寺碑

中嶽嵩陽寺碑銘序

夫至理空淨非大智無以寄其言法身凝闕非妙信無以感其像故託金軀于至敬之國布慈雲于多士之世顯皮紙骨筆之重半偈亡身之貴是以須達崇善塡金弗恡優王仰戀鐫檀寫眞斯皆聖人留軌爲物樹業故然乃遺形八方還昇慧頂有大德沙門生禪師游三空以歸眞湶法流而御世控三車而徽蹤秉常樂而傒軌

隱顯無方沈浮崧嶺道風遠被德香普薰乃皇帝傾心
以師資朝野望風而屈膝此山先來未有塔廟禪師將
欲接引四生永辭沸鑊拯拔羣品遠離炎鑪卜茲福地
創立神場當中嶽之要害對衆術之樞外乃北背高峯
南臨廣陌西帶濬澗東（本文作東）接修林于太和八年歲次
甲子建造伽藍築立塔殿布置僧坊略深梗槩公王卿
士咸發（闕）向之心凡厥庶民竝欣喜捨之志司空公裴
衍昔在齊都欽承師德願歸中國爲寺檀主本願既從

雲歸師闕禪師乃搆千善靈塔二十五層始就七級緣差中止而七層之狀遠望則迢亭巍峩仰參天漢近視則闕嵬儼嶷旁魄絶望自佛法光興未有斯壯也禪師指麾成之匪曰禪師闕後雖復名工巧匠無能陟其嶮峭禪師大弟子沙門統倫豔二法師並妙思淵賾神智難量繼軌四依津闕

世覺華散藻戒香氛馥與諸同志以師遺功成玆洪業分闕餘塼更闕兩塔並各七層仰副師願殊特妙巧劖創秀出塔殿宮堂星羅棊布内

外圖寫闕生闕　十方尊儀無量億數闕　金為相栽
王成豪即毫字　瓌碧煌爍丹彩絢爓色煥闕　光煇宇宙
異類衆多罔知厝緒龕房禪室側闕　環繞徑閣通門前
後樓榭墻廊重複菀衍當作蜿蜒　逶迤規而有楷矩本文作短　而
有則溝霤覓泉四殖甘果柳褭長條松蘗圓蓋池荷焰
灼翠葉紅輝微波碧瀲潺流瀵漱異禽馴本文作巡　獸飲啄
相鳴碩學名賢踵武相望引房清誦列館法言洪鐘一
扣應真四集唄響八飛香煙似霧虔禮禪闕　六時靡輟

方為衆聖萬劫之靈塲八輩十方三世之苑（本文作苑）囿也

天平二年四月八日倫豔二統乃刋石樹碑雕飾尊像

贊貽嘉福顯彰聖儀高足大沙門統遵法師忘懐體道

戒珠皎潔仁智明敏器宇汪洋（本文作庠）開妙思于三空之

表顯真如于四忍之外接引羣生舟航巨海萃諸邑義

繕立天宮憖修嚴麗兼造白玉像一龕眷屬侍御剞劂

鐫磨妙匠精巧三十二滿八十好圓色揜耀靈光暉夜

免以諸勝善仰資皇帝聖歷無窮國境泰寧太后德被

蒼海永保仁齡預捨一豪同登我淨若見若聞等一常
樂傍盡邊塵後窮来際咸鍾此福其詞曰明明大聖皎
皎無著至玄至妙湛然常樂無像無言形名應世七步
舉手播宣苦諦聲光振動濯我塵滯化息雙林終歸實
際金儀言寢塔像勑興香尊避坐多寶踊昇為模為楷
永劫祇承維大沙門權機應傅英風秀朗宏通常住道
德芳烈帝后欽裕構造靈基朝野傾務（務當作騖）遠摹妙喜
近光祇樹唯聖唯賢爰依爰附億兆来蘇天龍虔仰城

芥千空此基無爽

大唐麟德元年歲次甲子九月景午朔十五日庚申從嵩陽觀移來會善寺立（按此三十字正書另勒碑末）

右嵩陽寺碑銘東魏天平二年刊石唐麟德元年移立于會善寺者也無撰書姓名按文内如東譌東矩譌短馴譌巡兆譌菀洋譌庠等字則其非名筆可知然筆法頗含風致嵩高自啓母諸闕漢篆外絶無唐以上書故備録之　又按此碑上截刻佛

相雕鏤層疊佛相隆起餘地鐫平此文刻于下截當碑四分之一其字之上方又刋空方六寸許深入二寸許盖其規製亦迥異于後代也北齊諸碑亦率類此

唐一

潘尊師碣文

唐默僊中嶽體元先生大中大夫潘尊師碣文并序

雍州司功王適撰序弟子中巖道士闕馬闕書

古偁列僊自黃帝尚矣或解形默遯或練氣昭升然業與代殊古將今遠聞之者不見見之者不留世智以局守增疑神人以密化為貴故其道彌大其議彌乖非理契冥通精存玄覽者不可得而論已尊師趙國贊皇青山里人也族潘氏名師正字子真唐嵩山上清之全真者也尊師體元和之精含太素之氣誕彌之夕景光充廬客曰此天階之祥非世貴者既而生有僊骨幼無童心足蹈龜文手垂過膝風儀盅說文器虛也直弓切秀操履幽貞

年十二通春秋及禮見黃老之旨薄儒墨之言白雲在天心已遐矣十三喪母氏攀墳柏以泣血伏塚廬而摧心緬維大孝嚴天非負土之義慎終崇德實致福之基大業云季回手謝俗啓金丹之術祈玉清之臺却粒而練肌鸞菁以虛藏身外無影骨間有聲時升玄真人王君居茅山有華陽洞天羣僊之府乃負笈潛往結草幽居受祕録于金壇奉玄文于石室王君以尊師名著紫簡業盛黃丘指以所居告歸中嶽于是揭来上國賁

趾中經漱陰嵮之雙泉庇陽崖于二室寢冥孫宙垂將十年以其樵歌尚通隱迹或至歷羣崖以選勝窮絕界而擇幽得逍遥谷者有古僊之迹雄峯晃朗抗升天之階犹谷空蒙本文作冡洞入冥之路于是因林石結茅構燒楓柏而戒淨練松术以存精志逸翔雲神合浩氣吞沆瀣以龜息吸喬皇以龍盤青古不留丹田已見冥宗五紀邈與代殊想望三清悠然景會上元三年天皇大帝幸洛都睇嵩阜謁三元之洞徹六甲之圖尊師以道

有所申貴有所屈竟不屑命對以無為後年巡豫許京
屬想太室顧言霄極佇降雲軿師仍隱几謝以幽疾至
調露元祀月維孟冬天子迺卬運堯心夙整軒御萬騎
雲躍六龍天飛清碧瑶之壇訪皇人之道會師于嵩陽
覲焉時天冊金輪聖神皇帝潛光寶緯佐理瑶房深祈
絳闕之遊遥契紫元之妙霓裳羽從齋心致謁既而皇
眷靡斁青谿尚深乃税法駕尋元畤風伯淨蹕雨師空
巖日月按晷以流光星辰環拱而列曜抪說文捫持也普胡切紫

蘭以承玉輦闢丹桂而交翠旗天步穆清雲居攸止鴻崖䖍以抗室赤松森而環陛藥銚絶煙無若火化林扉擁霧有同巢居天皇乃幸結茅御蟠水訪天人之際究性命之元欣然順風歎以頹景睿情遐佇欲罷不能爰制有司就師立觀即于逍遥隱谷建隆唐焉神皇雅尚僊圖永懷祕訣每洒心咨道探賾求真希步景于青元想餐霞于紫府嘗致書曰九宫神祕顧已通其大綱太乙紫房猶未解其深旨尊師微言盡答祕世莫聞明年

仲春上又以乘輿步輦致師于洛城西宫經單圭之禁林造上陽之僊閣龍香竟路羽葢駢陰天子側席齋宫虛襟宣室是日八風澂景五雲卿靄萬姓躊躇以聳矚百神翕習而發幽真與聖寘顯與晦接逖聽千古斯其一交者矣尋而瑞節言旋攀石梁之幽阻神眷動思賦瑶池之浩歌遷延永懐悉而不及乃降制命以嵩陽觀為奉天宫苑接隆唐地鄰隱谷左闢僊遊之路右啓尋真之門丹陛亘于雲扃紫微通于煙幌大帝于是排閶

闔弛鈎敶起巉嵯御嶙峋屏中侍肅外臣若忘天下窅然踰旬後年復降師于金闕亭問三洞之階稽七真之祕神皇親饌金鼎而獻王厨五芝雲敷八桂霜靡允執天師之禮以旌問道之勤又以功德事咨祈景福乃于太子甲第建宏道之壇老君壽宮立玄元之觀二名稟于師闕雙榜題于帝筆有制屈德遥統其綱將以光振玉司慶洫（當作溢）瓊府上乃降雲宇幸觀風命百寮敶九部衣冠趨而銅路咽鐘鼓奏而天津沸龍旗鶴蓋紛以

揮霍僊童靈妃忽其倏閃須臾聲散景滅若屆殊庭月曙煙飛已尋幽谷斯亦上九不疑之遡反一無跡之行焉其後乘輿屢陟山宮必嗽襄野之問尊師深視絕景不降河宗之居雖甫對雲霓類蓬壺之怳忽而玄通夢寐若空庭之肸蠁永淳元年正月乙未崇朝風霽乙夜雲滅忽而有聞若萬籟聚徐而聽之則五音龢非大帝之樂聲即玄都之僊韻中使具以狀聞帝曰潘尊師其升乎即日駕幸奉天上謁虛室帝子扈蹕王姬陪輦暨

于寒峯戢景旴谷生陰黃竹申悲丘陵有贈尋而高宗厭世乘彼白雲我師寧極獨守玄牝後年季夏一日謂弟子曰吾獲保玆嶺于今五十餘年靈異在谷僊鶴滿野俾吾不接萬乘之尊亦庶幾乎輕舉矣今名登玄録身歷太陰升玄之言信吾命也是朔之夕辰烏麗天鹿鳴羣山雉雊衆谷翊日師曰吾其蜕矣乃闔門入靜端坐焚香月至于望日臨于甲命香水投青符浴蘭房扳紫褐曰反吾瀞說文無藏也疾正切矣亭午將化留此十旬歸吾

石室乃遺形隱景濟神幽欻說文有所吹起許物切于時紫氣氛氳以旁燭紅雲蕭索而上延郁行芳藻流晷煙靄之表若有人焉聖神皇帝聞而興感乃降寶命式謚松扃曰去年冬晚軒皇之駕不追今歲秋寒廣成之居又宋以此哀悼情何可任贈太中大夫追謚曰體元先生昭國禮也尊師業尚盅密勤恣幽深理心事天所寶唯嗇絕聖棄智不曜其光故真感冥期珍圖祕學性與天道不可得而聞也若乃崇標曠迹遐情遠意志摩青雲逢視

紫闥每歎曰大丈夫業于道不能投身霄嶺滅景雲林而疲痾此山以煩世主吾之過乎遂欲東求蓬萊孤舟入海屬天皇敦篤斯道祈欵逾深遲蹰山隅絶筞未往既而金格有命鑣轡遺區於戲昔姑射有神人堯輕天下空峒有至道軒屈順風玄真高蹤萬古同德何其盛哉尊師有弟子十人並僊階之秀然鸞姿鳳骨眇悉雲松者唯頼川韓法昭皆禀訓瑤庭密受瓊室專太清之業遺下僊之儔谷汲芝耕服勤于我盖歷歲紀也昭等

永惟尊師靈迹洞業高深邁古而棄世往矣其若之何乃琢石幽山申頌玄德其頌曰漢帝得道白日登天赤松度世紫嶽乘煙業祕千古精淪九僊真蹤誰嗣猗吾體元 其一

體元誰何僊骨天植沖而神秀幼有至德雲性鴻騫冥心龜息玄風獨邁白賁無飾 其二

金陵福地茅山洞天高真靈景終古貞全寥寥太素渺渺升玄惟我師友負笈往焉 其三

始受王書即入瓊室機先體二道惟得一學備青台化窮丹術餐霞允矣抱景期畢 其

四玄真有命黄丘是理煙駕來歸雲林萃止葆光藏密冥機畏美偎傫與居象罔而已

其五

有唐天子樂我雲僊芝駕羽蓋蜺旌鳳旃齋心來謁契道忘筌瑶池一去鼎化千年

其六

煌煌女希繼天而立黑龍既濟丹鳳攸集宗我仁師緬懷真級紫房問道青元迺習

其七

玄功聿就洞業克成青童肅謁絳虬來迎揮神默解卧升霄行去去金闕悠悠玉清

其八

巖幽碧洞峯秀金臺少君斯舉青子時來貞松雲鬱虛室霞開永言千載歸鶴徘徊

大周聖歷二年太歲己亥二月八日建立

右潘尊師碣文王適撰道士闕馬闕 書在老君洞南即志所稱逍遥谷也用筆稍肥姿致遒媚文亦清麗可誦録之

嵩陽觀紀聖德碑

大唐嵩陽觀紀聖德感應頌

開府儀同三司行尚書左僕射兼右相吏部尚書崇元館大學士集賢院學士朔方節度等副大使修國史上

柱國臣林甫上大中大夫守河南尹河南水陸運使上

柱國賜紫金魚袋兼東京留守判留司尚書省事臣裴

迴題額

域中之大有四道為之首而王者統焉方外之人有五

神為之目而聖者用焉非道也無以致神非神也莫能

感聖自炎師水玉軒訪峒山窅藐汾陽徘徊河上且猶

私一己之利屈萬乘之尊或得之而不存或求之而不

及則未有宏心六合元化被于海隅滌覽九重異人臻

于闕下密傳僊契潛役神功端拱紫庭坐進金鼎如我
開元天寶聖文神武皇帝之至感也葢德邁者其業崇
道宏者其化博上初戡巨難纂睿圖以為唐虞盛理教
人而已矣乃昭禮物考經志于是乎帝典王綱罔不畢
備及夫一戎夏至邕熙又以為軒昊上德恭己而已矣
乃敦清静復淳朴於是乎偃甲垂衣示于無欲故載歷
三紀功苞九皇乃時有真人方士不名而至者儼然而
進曰臣聞昔者太初之先也嘗受命握符一君千歲後

代聖人順其外為封禪修其中為導養故玉檢有不死之名金丹為長生之要五三以降兹道蔑聞陛下承紫氣之真宗接黃神之遠運玉檢之文已備金丹之驗未彰天將授之其在今矣上覽其議而告之言朕聞神丹者有琅玕雪霜三化五轉太乙得之為上帝之伯元君得之為下教之尊必將假無為之功任自然之力乃可就矣于是考靈跡求福庭以為嵩陽觀者神嶽之宅真僊都之標勝直中天晷景之正記烈祖巡遊之所抱

汝舍賴風交雨會陰陽之所烝液偓佺之所往還丹竈
琳堂往往而在乃命道士孫太沖親承密詔對授真訣
一之日披圖于天府二之日陳醮于山壇然後俾太乙
啓鑪陵陽傳火積炭于廡下投藥于鼎中固以扃鐍窒
其窻户隙光不容人跡罕到自河尹官屬邑宰吏寮目
對封泥手連印署太沖乃與中使薛履信銜命而東涉
海沂過蒙羽行且千里歸已十旬然後尅日聚觀開封
發印餘燼未滅還丹赫然則已六轉矣明年移藥於緱

氏山升僊太子廟其役制之功神異之效又如初焉每
至降御詞陳祝册紫泥素表倏忽飛天玄酒玉桮繽紛
移座祠官睽眙供吏驚嘑靈貺昭荅有如此者其餘瑞
鶴卿雲祥光祕語匪朝伊夕不可勝記按中丹經云金
華符成感光鼎就則有朱鳥呈異白日激輝斯非類乎
九轉既畢馳驛以獻聖上方滌慮穆清齋心虛白神期
應會如合契焉于是三事百寮奉觴稱賀曰陛下撫羣
黎而歸壽域上真降殊休而報聖德神丹一御與天無

極且夫宏化至道先烈也還風太初昌運也異人委質
聖感也靈藥薦壽天符也此四者皇圖帝載所未聞焉
微臣預春秋之徒忝申甫之地上清事隱非魯册之敢
徽大洞功成豈周頌之能紀强銘琬琰永播乾坤其辭
曰太古兮上皇千歲兮一君自軒轅兮獨往逖歷代兮
無聞有唐兮英聖六葉兮十紀惟天寶兮合符故淳風
兮變始嵩有峯兮頽有瀾交靈氣兮集僊壇資聖壽兮
效神丹神丹御兮福庭會虹蜺旗兮紫雲蓋臨萬邦兮

彌億載

天寶三載二月五日建 按此九字篆書

朝散大夫檢校尚書金部員外郎上柱國臣徐浩書

右紀聖徳感應頌李林甫撰徐浩書在嵩陽宮按王世貞跋云書為徐浩古隷與帝隷法絶相類雖以肉勝亦自有態可寶也予以為書法遒整無一懈筆論者謂其力如怒猊抉石渴驥奔泉信哉故備録之又按此碑甚高大左右旁刻花紋亦甚

工細在風日中歷歲久遠而絶無損蝕又其獨異
者
會善寺戒壇記
嵩山會善寺戒壇記
汝州刺史兼御史中丞陸長源撰
嵩高得天下之中也所謂名山福地異人靈跡往往而
有漢晉間高僧植貝多子于西峯一年三花因為浮圖
遂為寰中之真境又有兩阜中斷豁為石門飛流縈回

以噴薄喬木森竦以布護先是有高僧元同律師一行
禪師鏟林巖之欹傾填孔竇之窌寮甃玉立殿結瓊構
廊旃檀為香林琉璃為寶地遂置五佛正思惟戒壇思
惟者以佛在貝多樹下思惟因名貝多為思惟即三花
之義在此自河洛煙塵塔廟崩褫上都安國寺臨壇大
德乘如修慈業廣秉律道尊志度有緣法庇羣動慨兹
堙墜遂為聞徹尋有詔申命安國寺上座藏用聖善寺
大德行嚴會善寺大德靈珍惠海等住持每年建方等

道場四時講律藏用上人逸躅徧尋高情獨邁美殿塔之嚴麗賞泉石之勝絶其跡不朽其教益宏于是鐘梵相聞幡蓋交蔭豈獨鑪峯名嶽空記遠公之行沃洲精舍重述道林之跡時貞元十一祀龍集乙亥大火西流之月也河南陸郢書

右戒壇記陸長源撰陸郢書在會善寺代宗手敕碑陰按袁宏道嵩遊記稱其隸法遒逸今觀其書雖遜潘碣然筆頗秀健無明皇時肥重習氣陶宗

儀書史會要亦稱郢善書詳見趙明誠金石録存
之

唐二

天后詩書碑

大唐天后御製詩一首并序五言

從駕幸少林寺覩先妃營建之所倍切煢衿當作營矜逾悽
遠慕聊題即事用述悲懷

陪鑾游柰苑侍賞出蘭闈雲偃攢峯蓋霞低插浪旗日

宮疏澗户月殿啓巖扉金輪轉金地香閣曳香衣鐸吟
輕吹發幡摇薄霧霏昔遇焚芝火山紅匝野飛花臺無
半影蓮塔有全輝實賴能仁力攸資善逝威慈緣興福
緒于此罄歸依風枝不可静泣血竟何追

大唐天后御製書一首

暑候將闌炎序彌溽山林静寂梵宇清虚晏坐經行想
當休愈弟子前隨鳳駕過謁鷲巖觀寶塔以徘徊覩先
妃之淨業薫修之所猶未畢功一見悲驚萬感兼集攀

光寶樹載深風樹之哀弔影珠泉更積寒泉之思弟子自惟薄祐鎮切煢懷每届秋期倍軫摧心之痛炎涼遞運逾添切骨之哀未極三旬頻鍾二忌恨秉時而更恨悲踐露而逾悲唯託福田少申荒思今欲續成先志重置莊嚴故遣三思齎金絹等物往彼就師平章幸識斯意即務修營望及諱辰終此功德所冀罄斯誠懇以奉津梁稍宣資助之懷微慰煢迷之緒略書示意指不多云

永淳二年九月二十五日司門郎中太孫諮議王知敬書
右天后詩書各一首共一碑王知敬書在少林寺
按知敬有奉敕書金剛經今在寺壁間字多剝落
而此碑獨完好如新
夏日游石淙詩刪九首
夏日游石淙詩并序
聖製
若夫圓嶠方壺涉滄波而靡際金臺玉闕陟玄圃而無

階唯聞山海之經空覽神僊之記爰有石淙者即平樂澗也爾其近接嵩嶺俯届箕峯瞻少室兮若蓮睇潁川兮如帶既而躡崎嶇之山徑蔭蒙密之藤蘿洶涌洪湍落虛潭而送響高低翠壁列幽澗而開筵密葉舒帷屏梅氛而蕩燠疎松引吹清麥候以含涼就林藪而王心神對煙霞而滌塵累森沈丘壑即是桃源淼漫平流還浮竹箭綱薜荔而成帳聳蓮石而如樓洞口全開溜千年之芳髓山腰半坼吐十里之香粳無煩崑閬之遊自

然形勝之所當使人題縩翰各寫瓊篇庶無滯于幽棲
冀不孤于泉石各題四韻咸賦七言

侍游應制

内史臣狄仁傑上

宸暉降望金輿轉仙路崢嶸碧洞幽羽仗遥迎鸞鶴駕
帷宫直坐鳳麟洲飛泉灑液恒疑雨密樹含凉鎮似秋
老臣預陪玄圃晏餘年方共赤松遊

奉宸令臣張易之上

六龍驤首曉騤騤七聖陪軒集潁陰千丈松蘿交翠幕
一丘山水當鳴琴青鳥白雲王母使垂藤斷葛野人心
山中日暮幽巖下冷然香吹落花深

鸞臺侍郎臣李嶠上

羽葢龍旗下絶宴蘭除薜幄坐雲扃鳥和百籟疑調管
花發千巖似畫屏金竈浮煙朝漠漠石牀寒水夜泠泠
自然碧洞窺仙境何必丹丘是福庭

鳳閣侍郎臣蘇味道上

琱輿藻衛擁千官仙洞靈谿訪九丹隱暧源花迷近路
參差嶺竹掃危壇重崖對聳霞文駮瀑本文作㬥水交飛雨
氣寒日落宸襟有餘興徘徊周矚駐歸鑾
夏官侍郎臣姚元崇上
二室三塗光地險均霜揆日處天中石泉石鏡恒留月
山鳥山花競逐風周王久謝瑶池賞漢主懸慙玉樹宫
別有祥煙伴佳氣能隨輕輦共葱葱
鳳閣舍人臣崔融上

洞口僊巖類削成泉香石冷晝含清龍旂畫月中天下
鳳管披雲此地迎樹作帷屏陽景翳芝如宮闕夏涼生
今朝出豫臨玄圃明日陪遊向赤城
奉宸大夫汾陰縣開國男臣薛曜上
玉洞幽尋更是天朱霞緑景鎮韶年飛花藉藉迷行路
囀鳥遥遥作管弦霧隱長林成翠幄風吹細雨即虹當作紅
泉此中碧酒恒參聖浪道崑山别有僊
通事舍人臣沈佺期上

金輿旦下緑雲衢綵殿晴臨碧澗隅谿水泠泠雜行漏
巖煙片片遶香鑪仙人六膳調神鼎玉女三漿捧帝壺
自昔汾陽紆道駕何如太室覽真圖
大周久視元年歲次庚子律中蕤賓十九日丁卯左奉
宸大夫汾陽縣開國男臣薛曜奉敎書
右夏日遊石淙詩并序序天后自製薛曜奉敕書
刻石淙北崖上崖壁立臨水搨者鑿穴崖麓架木
為棧以摹之原詩十七首今録其佳者八首餘從

删令删聖製皇太子顯相王旦武三思張昌宗
閻朝隱徐彦伯楊敬述于季子九首　按書史稱
武后喜作字嘗出新意增减前人筆畫為十九字
當時臣下章奏與天下書契咸用其字而文氏停
雲館帖載岳珂跋唐人摹王方慶通天帖云金輪
御朝始製十三字令帖歲月皆用其體當以書史
十九字為確也此篇與封祀壇碑秋日晏石淙序
及潘尊師碣如天地日月初人聖生星君年正臣

載國等字悉從之今一依正文更定

封祀壇碑

封祀壇碑并序

春官尚書監修國史上柱國梁王臣三思奉敕撰朝散大夫守春官郎闕

臣聞乾坤大象也張三光而列五嶽帝皇大寳也朝萬國而禮百神然則歷考河圖傍稽洛讖秉樞建極之義闕地羲農軒頊氏往堯舜禹湯氏作邦畿則千八百國

封禪則七十二君唯臨日觀之岫纔越天齊之嶺猶且鳴闕動蹕闕三花玉樹遥分神女之臺五色金芝之下秀仙人之窟仰通上帝之境俯枕中樞之甸風煙萬載徵薦鯀而無聞霜露千秋闕昌之日可以名玉帛可以勒銀繩建顯號而施尊名飛英聲而騰茂實其唯我大周乎太祖無闕孝明闕興王之祕籙運鵬海而首出躍龍泉而高視卷舒元氣分寶位于玄宮登步太階受珍圖于黄屋均兩曜而齊朗冠三闕天删金輪聖神皇帝陛

下徇齋作后聰明為辟心懸萬月從鴈塔而秉時足馭千花自龍宮而應運垂大造于沙闕鼓闕位祥龜負字懸符啓夏之徵瑞馬呈圖豫送開虞之兆豈獨天浮紫氣知赤帝之將興地暎虹闕表朱宣之受命闕之因葉聚祥經誰識去来之果延妙相于丹宸降法身于紫極湛然常樂輪風銷八柱之天寂爾圜明劍雨滅四維之闕踊懸石鏡于丹霄聖水滔開湛珠泉于碧浪澄漪寫月非闕竹箭之流迴岫排雲何止蓮花之嶽遐循御歷

之王遠訪闕至德掩于百代宏猷超于萬葉謳歌纂錄
考符瑞于堯終獄訟膺期送休徵于舜禪八窻四闥之
制五室九房之躅闕宮非待子輿之議懸寶思而不測
運靈襟而獨遠雕楹峻峙若鼇柱之臨空反宇中垂似
鵬雲之暎闕鳳翔玄扈闕紺席于鷄津開紫壇于黿浦
蒼龍曉闢鉤陳迴雙闕之前翠鳳晨張玉輦下三川之
上山分虎據指闕而闕壤水控闕之野開玉帳而鈐
士命金壇而拜將營分水月煙銷彭蠡之濱陳起山虹

霧廓洞庭之野三監縱慝七國連謀纔張闕雲梯驅鴻裝而駭鳳駕未若浪井常沸雲漿鎮涌流珠罕匹練玉難儔偶西聖而為尊配東皇而保祚承雲調露闕奏飛龍遠叶高陽之代鬼神無以祕其奥造化所以同其節鯤池象浦纔居俟甸之中細柳蟠桃未出闕畿之外掩闕庭而失所銅掌鑄于漢日金莖營于魏代空竭神仙之望無階風化之美未有殊方送款爭馳就闕之心異俗翹誠並闕岧嶤而上秀山光拂迴疑覆鼎之黃雲珠

影浮空似臨圭之白日銅舟鐵軔凌幽駕險石砮玉環
馳煙驛闕　鴻電委闕　鹿銀麞年趨於帝囿龍編列壤
遥通落鴈之峯象郡疏疆遠控跕鳶之水時驚蛇豕之
暴或縱豺狼之虐琱戈轉闕　叱俗皇威遠舉取八桂若
摧枯廟略冥通殄三珠如拉朽煙塵息而九區静文軌
同而萬方泰至若睿藻霞闕　至鶯啼草秀鴈飛木落丹
花翠柳送宇宙之春光玉露金風漲山川之秋氣披繡
闥而天步敞雕軒而玄覽神遊闕　庾登而俗阜高天降

祚先開雨粟之禎厚地鍾祥更錫歸禾之瑞艾韠知懼
草纓無犯鄭竹所以焚科燕棠由其輟詠闕集黑玉來
而殷業泰龍飛白水赤伏至于劉亭鳳集岐山丹書下
于姬户令皇圖纂于七寶天册彰於萬歲陶匏闕列闕
頭燕頷既巢于阿閣牛尾狼題方馴于禁籞山車澤馬
湊仙掖而駢闐丹甑黄銀擁神州而駱驛祥蓂候月闕
晦朔而無闕曠時殊貺咸不名而自来絶代洪禎固無
幽而不出于是三靈聳聽萬方翹首羣公陳禪草之儀

天子問宗柴之禮闕者霧集闕龍闈者雨驟宸儀迴暎
俄流黃道之暉仙渙遙垂忽降丹穹之液粤以天册萬
歲二年玄闕紀侯闕三界有昭蘇之樂皇恩與和氣同
泛帝澤共祥雲俱灑車書玉朔極遠而窮幽文物聲明
振天而動地皇王之闕之樓法駕出銅駝之道人神分
衛飛蒙茸而走陸梁萬騎齊驅擁浮雲而騰轉電虹霓
作其旌旆霜雪為其劍戟闕帷宮欽野笙鏞交太一之
壇帳殿歆山鐘鼓沸天中之邑聖皇乃端瑞挺降雕輿

率百辟而虔肅契闕神而闕想闕祥光下燭金沙孕彩
依輦道而分暉玉醴浮甘委行廚而蓄潤變溫景于黑
陸降仙禽于丹嶠木呈連理獸表同蹄闕射牛之盛禮
鏤皇猷于翠碱騰帝徽于紫嶽煙雲動色標絕跡于千
年雷雨流恩洽殊私于萬類臣稟煦闕陶闕殘而頌
德抽兔豪而瀝思所冀皇猷永固將九地而齊貞帝祚
長隆與三天而共遠其詞曰洪鑪始闢大象初甄四溟
環地八柱承天江河噴薄日月迴旋三徵遞往五運更

遷其一文物既敘皇王有作正位乾坤闕弈三皇俱陳玉帛各起壇場烏魚符瑞茅黍徵祥寧臨太室空陟神房其三玉册延祚金輪馭極壇躍闕中千花聳塔七寶闕宮徧周法界上達虛空長懸佛日永息魔風其五峻極于天欝盤于地漢蹕徒擁虞巡莫至白闕騰仙疊跡蒼龍希陪闕輦願侍雲封蒲輪欲闕芝誥俄從其七鳳歷祥年迴圖考日法駕將備乘輿乃出却望闕門闕臨闕璋旌旗焰焰宮徵鏘鏘天浮瑞日地燭神光其九古樹三花仙

巖萬歲銀繩是勒金闕斯瘞業駕九皇功超闕

右封祀壇碑武三思奉敕撰薛曜書在縣西萬羊岡按此書結構遒密較石淙殊勝碑文凡三十六行下截三尺餘剝落已盡文義難屬今于每行盡處註闕字以識之其碑内書名今亦糢糊邑人傅君作礪貽予舊本内有薛曜書名以此為据捫石諦觀猶可識也

金剛經 節録

金剛般若波羅蜜經

如是我聞一時佛在舍衛國祇樹給孤獨園與大比丘衆千二百五十人俱爾時世尊（闕） 衣持鉢入舍衛大城乞食於其城中次第乞已還至本處飯食訖收衣鉢洗足已敷座而坐

須菩提於意云何須陁洹能作是念我得須陁洹果不

須菩提言不也世尊何以故須陁洹名為入流而（闕）菩提於意云何斯陁含能作是念我得斯陁含果不須菩

提言不也世尊何以故斯陁闕　往來而實無往來
是名斯陁含須菩提於意云何阿那含能作是念闕
那含果不須菩提言不也世尊何闕那含須菩提於
意云何阿羅漢能作是念我得阿羅漢道不須菩提言
不也世尊何以闕　有法名阿羅漢世尊若阿羅漢
作是念我得阿羅漢道即為著我人衆生壽者世尊佛
說我得無諍三昧人中闕我是離欲阿羅漢世尊我若作
是念我得阿羅漢道世尊則不說須菩提是樂阿蘭那

闕須菩提實無所行而名須菩提是樂阿蘭那行

大唐咸亨三闕月戊午朔三日庚申校書郎

少府監丞城門郎膳部員外郎守冀王友直宏文館王

知敬奉敕書

右金剛經王知敬奉敕書在少林寺殿後壁字多

剝落今節録之　按書史知敬工正行草峻利豐

秀尤善署書

永泰寺庭西石幢

奉為開元天地大寶聖文神武應道皇帝敬造陁羅尼

幢

右石幢在永泰寺殿庭中東西各一此其在西幢

也幢八角上方一面題此二十二字字未佳録以

備考當時款識其下方刻尊勝陁羅尼經節録如

左

佛頂尊勝陁羅尼經

佛告帝釋言此咒名浄除一切惡道佛頂尊勝陁羅尼

能除一切罪業等障能破一切穢惡道苦

佛告天帝若人能書寫此陁羅尼安高幢上或安高山

或安樓上闕尼優婆塞優婆夷闕　男族姓女于幢等

上或見幢或與幢相近其影映身或有風吹陁羅尼幢

等闕應墮惡道地獄畜生闕　王界餓鬼阿修羅身惡

道之苦皆悉不受亦不為罪垢之所染污

大唐天寶九載歲次庚寅八月廿九日建施主清河張

超并妻彭城劉氏歸依

右尊勝陀羅尼經前有序文刻于會善寺庭西石幢者也無書人姓名字多剥落今節録之

梵網經碑 節録十條凡五十一行

梵網經盧舍那佛説菩薩心地戒品

若佛子見一切衆生犯八戒五戒十戒毀禁七逆八難一切犯戒罪應教懺悔而菩薩不教懺悔共住同僧利養而共布薩一衆住説戒而不舉其罪教悔過者犯輕垢罪

若佛子自盜教人盜方便盜咒盜盜因盜緣盜法盜業乃至鬼神有主刧賊物一切財物一針一草不得故盜而菩薩應生佛性孝順心慈悲心常助一切人生福生樂而反更盜人財物是菩薩波羅夷罪

若佛子自謗三寶教人謗三寶謗因謗緣謗法謗業而菩薩見外道及以惡人一言謗佛音聲如三百矛刺心況闕自謗不生信心孝順心而反更助惡人邪見人謗是菩薩波羅夷罪

若佛子故食肉一切肉不得食斷大慈悲性種子一切衆生見而捨去是故一切菩薩不得食一切衆生肉食肉得無量罪若故食者犯輕垢罪

若佛子以惡心故放大火燒山林曠野四月乃至九月放火若燒他人家屋宅城邑僧房田禾及鬼神官物一切有主物不得故燒若故燒者犯輕垢罪

若佛子自佛弟子及外道人六親一切善知識應一一教受持大乘經律應教解義理使發菩提心十發趣心

十長養心十金剛心一一解其次第法用而菩薩以惡心瞋心橫教二乘聲聞經律外道邪見論等犯輕垢罪若佛子應以好心先學大乘威儀經律廣開解義味見後新學菩薩有百里千里來求大乘經律應如法為說一切苦行若燒身燒臂燒指若不燒身臂指供養諸佛非出家菩薩乃至餓虎狼師子一切餓鬼悉應捨身肉手足而供養之然後一一次第為說正法使心開意解而菩薩為利養故應答不答倒說經律文字無前無後

謗三寳説者犯輕垢罪

若佛子初始出家未有所解而自恃聰明有智或恃高貴年宿或恃大姓高門大解大福饒財七寳以此驕慢而不諮受先學法師經律其法師者或小姓年少卑門貧窮諸根不具而實有德一切經律盡解而新學菩薩不得觀法師種姓而不來諮受法師第一義諦者犯輕垢罪

若佛子一切不得受别請利養入己而此利養屬十方

僧而別受請即取十方僧物入已八福田中諸佛聖人一一師僧父母病人物自己用者犯輕垢罪

若佛子常應發一切願孝順父母師僧願得好師同學善友知識常教我大乘經律十發趣十長養十金剛十地使我開解如法修行堅持佛戒寧捨身命念念不去心若一切菩薩不發是願者犯輕垢罪

大歷十三年歲次戊午正月戊申朔闕戊申闕崇建碑

闕

右梵網經碑在會善寺後碑兩面刻正面分八層每層分兩半頁每半頁二十一行字多剝落今節録十條凡五十一行其碑陰剝落殆盡僅存年月

備考　按袁宏道記云古碑刻完好者菩薩戒經大歷十三年協律郎高堅書据此則中郎遊時碑尚完好能識其書名距今未久乃遂剝落如此

陁羅尼碑

佛頂尊勝陁羅尼咒

那謨薄伽跋帝啼囇路迦鉢底毗失瑟咤耶勃陁耶薄
伽跋底怛姪他唵毗輪馱耶娑摩那三漫多嚩娑娑
闕
囉拏揭底伽訶那娑婆嚩秫地阿鼻詵者蘇揭多伐
折那阿蜜嘌多毗矖罽阿訶囉阿訶囉阿瑜散陁羅尼
輸馱耶輸馱耶伽伽那毗秫提烏瑟尼沙毗逝耶秫提
娑訶娑囉喝囉嚗弭珊珠地帝薩婆怛他揭多地瑟咤
那頞地瑟恥帝慕姪囇拔折邏迦耶僧訶多那秫提薩
婆伐囉拏毗秫提鉢囉底禰伐怛耶阿瑜秫提薩末那

阿地瑟恥帝末禰末禰怛闥多部多俱胝鉢唎秫提毗
薩普咤勃地秫提社耶社耶毗社耶毗社耶薩末囉薩
末囉勃陁阿地瑟恥多秫提跋折嚟跋折囉揭鞞跋折
藍婆伐都麼麼薩婆薩埵嗢迦耶毗秫提薩婆揭底鉢
唎秫提薩婆怛他揭多三摩濕婆娑遏地瑟恥帝勃陁
勃陁蒱陁耶蒱陁耶三漫多鉢利秫提薩婆怛他揭多
地瑟咤郍遏地瑟恥帝娑婆訶
觀世音菩薩説普賢行願金剛塲三昧陁羅尼經

南牟囉哆郍多羅夜耶南牟阿唎夜跋路吉帝濕皤囉
耶菩提薩埵耶摩訶薩埵耶摩訶本文作許迦嚕尼迦耶怛
姪他却佉鞞却佉鞞闕 鞞研闕却鞞輸嚕哆囉却鞞
伽囉拏却鞞視呵縛却鞞迦夜却鞞滿郍却鞞娑囉却
鞞脺摩闕鞞喻若却鞞你蜜多却鞞鉢囉尼怛郍却鞞
三摩地却鞞波羅蜜多却鞞菩地却鞞娑囉娑囉娑囉
佛陁頞地瑟恥帝吱囉吱囉吱囉達囉摩頞地瑟恥帝
割囉割囉割囉僧伽頞地瑟恥帝南牟囉多郍多囉夜

耶南牟阿唎夜䟦路吉帝濕皤囉耶菩提薩埵耶摩訶
薩埵耶摩訶迦嚕尼迦耶南牟度賀那活底菩提薩埵
俱胝喃阿喩婆爛遮達檀覩怛姪他素囉鞞素囉鞞牟
尼牟尼摩訶牟尼末底末底摩訶末底南牟阿唎夜䟦
路吉帝濕縛囉耶菩提薩埵耶摩訶薩埵耶摩訶迦嚕
尼迦闕 佃都三漫多䟦達囉陁囉尼娑婆訶
摩訶般若波羅蜜眼咒法
那謨婆伽筏帝般刺讓波羅蜜多曳唵纈利醓地醓室

唎輸噓陁毗社曳莎訶

嵩山隱士高岑書

右三咒刻于靈運禪師塔銘碑陰高岑書無年月筆法似不經意而有風致今附録于唐正書諸經之後

王徵君口授銘

大唐中嶽隱居太和先生琅邪王徵君臨終闕口授銘并序

季弟正議大夫行祕書少監東宮侍讀兼侍書紹宗甄

録并書

伊垂拱二歳孟夏四月怳昒說文尚冥也呼骨切寅夘之際吾六兄同人見疾大漸惟幾將遷冥於未始委化於伊洛之間僑居惠和里之官舍自古有死於乎哀哉他日先詰其第七弟紹宗曰吾宅性玄鄉保和仁里寄跡羣有遊心大無乘陽以生遇陰而滅物之恒也汝固知之吾化後汝可依道家無為之事諸子姪行儒教喪紀之迹吾聞精神者天之有也形骸者地之有也觸處而安不須

擇日單車時服不俟營為紹宗敬奉緒言不敢失墜此時沛國桓先生道彥亦在吾兄之側因歔欷而報曰此真宰之理道流所尚有情有信安敢違之其後昇真潘先生門徒同族名大通越中嶽而來自遠問疾知吾兄真命已畢又申勸曰儻或不諱願歸神中頂石室之中曩者昇真臨終亦令宅彼況與先師平生居止宿昔神交冥期不沫（當作昧）宜還洞府再三敦請則又從之乃曰此吾迹也重違爾意若然不須別鑿堂宇恐傷土石但

託體山阿而已吾嘗幽贊真誥肇創玄圖祕録别詳内本人境不傳如或不忘款志儻存其兆可取一塊青石其上有自然平者刊刻爲字俾諸來裔知吾之用心也其銘文皆力疾緜微勉情牽課含精寓爽藉響乗光彷彿（説文見不審也歘勿切）瞹昧不獲已而口授之外姻密友憑真考行强號曰太和先生庶追道跡光衆妙也其銘曰於戲昔有唐氏作吾中遇而生姓王名元宗字承真本琅邪臨沂人晉丞相文獻公十代孫陳亡過江先居馮翊

中徙江都其肇錫考系則國史家諜具矣降年五十有五直垂拱二年四月四日順大行之數奄忽而終終後可歸我于中頂舊居之石室斯亦墓而不墳神無不在耳且伊洛之間迺昔者周南之域吾祖上賔之地吾家得姓之鄉反葬中嶽幾不忘本也舉手長謝亦復何言示人有終乃為銘曰馮馮太清悠悠太寧混沌無我其中有精忽然為人時哉乃行理通寂感陰聚陽升知常得性絶待忘情闕無不在神無不經幽傳祕訣默往仙

京萬物共盡吾何以停歸于真宅此室冥冥不封不樹
無狀無名託體嵩石言追洛笙去来十洞駈當作驅馳八
靈風雲聚散山水虛盈谷神不死我本長生

右太和王徵君闕授銘其弟王紹宗書在老君洞
南按書史稱紹宗書如曲圃鴻飛芳園桂植予觀
此銘筆法遒警頗類曹娥碑且近在目前而初無
傳搨予始物色得之亦一快也

秋日晏石淙序節録

秋日晏石淙序

奉宸令張易　闕

夫瀛洲渤澥瞻地際而無窮崑丘閬風望天崖而不極披霧覩天思逢樂廣彈琴命酌願値劉靈（當作伶）大開文酒之娱都會琳琅之客　闕

樵蘇不爨高談衆妙之門蘿薜成衣遠得幽棲之致　闕

落札則書成鳥跡暎科斗之文章染翰則思縟魚牋射驪龍之光彩聚東山之瓌寶未足為珍擁南澗（本文从山）之

風煙纔堪入賞

右秋日晏石淙序張易之撰闕書人名按全文載嵩高志止闕十餘字謂是文刻石淙南崖下臨深谿人跡罕至傅太常梅架木為棧命工搨存之今以搨本校之補識陽城二字而其漫漶者不啻十之三矣太常去今僅七十年而石文剝落輒爾相殊後此又當何如耶茲擇其字筆清楚而文句可誦者節録四條 又按此書與天后游石淙序頗

相似疑亦薛曜書也

少林寺牒

少林寺令得牒稱上件地往因寺莊翻城歸國有大殊勲據格合得良田一百頃去武德八年二月蒙敕賜寺前件地為常住僧田供養僧衆計勲仍少六十頃至九年為都維那故惠義不閑敕意妄注賜地為闕分田僧等此来知此非理每欲諮改今既有敕普令改正請依籍次附為賜田者又問僧彥等既云翻城有勲准格合

得賜田當時因何不早陳論翻城之時頭首是誰復誰
委知得款稱但少林及柏谷莊去武徳四年四月翻城
歸國其時即蒙賞物千段准格合得者未被酬賚之間
至五年以寺居僞地總被廢省僧徒還俗各從徭役於
後以有翻城之功不伏減省上表申訴至七年七月蒙
別敕少林寺聽依舊置立至八年二月又蒙別敕少林
寺賜地肆拾頃水碾磑一具前寺廢之日國司取以置
莊寺今既立地等並宜還寺其教敕案今並在府縣少

林若無功勳即是雷同廢限以有勳勤別敕更聽存立
其地既張頃數思敕還僧尋省事原豈非賜田不早改
正只是僧等不閑憲法今謹量審始復申論其飜城僧
曇宗志操惠瑒等餘僧合寺為從僧等不願官爵唯求
出家行道報國若論少林功勳與武牢不殊武牢勳賞
合地一百頃自餘合賞物及闕地數不敢重論其地肆
拾頃特敕還寺既蒙此賚請為賜田乞附籍從正又准
格以論未蒙僉賞但以出家之人不求榮利少亦為足

其飜城之時是誰知委者偽轘州司馬趙孝宰偽羅川
縣令劉翁重及李昌運王少逸等並具委者依問僧彥
孝宰等所在款稱其人屬游仙鄉任饒州弋陽縣令無
身劉翁重住在偃師縣李昌運王少逸等二人屬當縣
見在者依狀牒偃師勘問翁重得報稱依追劉重勘問
得報稱少林寺去武德四年四月內衆僧等飜轘州歸
國是實當飜城之時重見在城所悉者又追李昌運等
問得款與翁重牒狀扶同者又問僧彥等既稱少林僧

等為歸國有功勲未知寺僧得何官款稱僧等去武德
四年四月廿七日飜城歸國其月卅日即蒙敕書慰勞
敕書令並見在又至武德八年二月奉敕還僧地肆拾
頃敕書令並見在當時即授僧等官職但僧等止願出
家行道禮拜仰報國恩不取官位其寺僧曇宗蒙授大
將軍趙孝宰蒙授上開府李昌運蒙授儀同身並見在
者并追在手敕敎及還僧地符等勘驗有實者少林僧
等先在世充偽地寺經廢省為其有功飜柏谷塢功績

可嘉道俗俱棠官賞特敕依舊置立其寺寺既棠立還
地不計俗數足明賚田非惑今以狀牒帳次准敕從實
改正不得因玆浪有出没故牒
貞觀六年六月廿九日丞萬壽佐董師史吉海
敕麗正殿修書使牒少林寺主慧覺牒謹連敕白如前
事須處分牒舉者使中書令判牒東都留守及河南府
並録敕牒少林寺至撿校了日狀報敕書額及太宗與
寺衆書並分付寺主慧覺師取領者准判牒所由者此

已各牒訖至准狀故牒

開元十一年十二月廿一日牒判官殿中侍御史趙冬

曦副使國子祭酒徐堅中書令都知麗正修書張說用

祕書行從印

唐武德四年太宗文皇帝敕授少林寺百谷莊立當作柏

功僧名上座僧善護寺主僧志操都維那僧惠瑒大將

軍僧曇宗同立功僧普惠明嵩靈憲普勝智守道廣智

興滿豐

右少林寺牒無書人姓名在裴漼少林寺碑陰蓋當時寺僧録賜田牒由上石者也書法修整故自可觀其上方刻太宗為秦王時教並武德年月官名因己録原教不復存之

大證禪師碑節録

大唐東京大敬愛寺故大德大證禪師碑銘并序

金紫光禄大夫門下平章事太清太微宫使崇元宏文館大學士上柱國齊國公王縉撰銀青光禄大夫行尚

書吏部侍郎集賢殿學士副知院事上柱國會稽縣開
國公徐浩書
醴泉湧而蠲疾寶炬然而破闇蓮花無染而闕　夜光
不繫而自得其惟上智乎夫上智之身曲隨世界上智
之闕　或闕植德本秉願復來或意生人間用
宏闕示非慧闕　孰闕　之闕
自達摩傳付慧可可傳僧闕　信信闕宏忍闕
大通大通傳大照大照傳廣闕　廣德傳大師一一授手

一一摩頂相承如嫡密付法印闕　智闕　沘思闕

大德既捨眷屬竊為沙彌身不顧名志在成道聲

稱浸遠歸依少林

大歷四年歲次闕　月二十四日

右大證禪師碑銘王縉撰徐浩書在嵩嶽寺按浩

於唐書家有名黃山谷嘗云季海長處正是用筆

勁正而心圓書史稱其鋒藏畫心力出字外得意

處往往似王羲之其妙在楷法今觀此書結構整

贍秀逸天然當與感應頌隸書並垂不朽惜剥落

已甚文不可讀僅節録之

少林寺廚庫記

嵩嶽少林寺新造廚庫記

正議大夫尚書吏部侍郎上護軍吴縣開國男賜紫金

魚袋顧少連撰朝議郎守洛陽縣令雲騎尉賜緋魚袋

崔泝書

啓迪真乘無相之門寂發揮象教有為之功大非無不

可以臻極非有不可以化凡亦由瞻影求形見煙知火
通如来誘善之路為羣暗嚮明之階沿淺詣深其實一
也自漢明帝夢金人履殿訊之于庭采傅毅的然之詞
得竺乾惟肖之像精廬始構塔廟繼興大抵三教之行
各有其屬尊嚴所奉齋壹厥心若遊息不殊則其道閒
襍若散漫無守則其風寂寥是以從其先師皆致室處
故孔徒有庠序道士有樓居而釋流謂之寺此聖人所
以崇其教也少林寺者蓋權輿於太和中廢於承光更

名於大像錫田於開皇若乃應天順人擒盜助信摧魔軍於亢斥保浄土於昏霾此又昭彰于我唐也其神異之尤若跋陁(本文作跎)之經始靈塔劫火不焚指眄泉流使之西注稠公揮杖而二獸解鬬惠可割臂而三業息塵芬蘭叢植于繙(志作緇)林鸞鶴連翔于法界則有惠光曇隱播芳烈於前元素明遵嗣徽音於後戾止者皆同一姓来儀者無復二乘蓋釋氏之淹中西方之别館也況其土圭表正風雨所均嵩高峻極山嶽之秀交艮兌之

清氣積仙靈之祕蹤故其志道之人好奇之士繫塵籠者屢至求晏坐者永棲菩薩色身未能忘食苾芻老病斯用依仁而庫舍不營坊廚偪陋每王城信士供施所儲柏谷上田穫斂所入雖真如之性不假多藏而大道之行惡其棄地釋法真聿来從學推尚住持永言剏立志在宏濟乃誓于僧衆陳于闕官顧因農隙以果營建河南尹杜公黄裳多歷勝因素崇淨業聆風響應如契夙心于是躬主辦之勤假清白之俸復次都人白仙鶴

李秀孫光杜珍等共殖嘉苗用滋景福脱鄙悋之韁鎖成智慧之舟航錢刀無翼而自飛寒暑不期而繼至單貧展效富有匱財神龍施珠香象均力加以寺半崖巘路躡凌兢伐松柏于山巔致瓴甓于巖下佛教善誘人忘其勞爰始爰謀是啓是辟平其坎窞相其廣輪梓人作程郢匠施巧積榦如阜運斤成風真公杖錫指麾語言溴闕先饑以班食伺渴而饋漿酬以壯傭任以老事期不揆日工無廢時為欂為櫨為桴為桷洪纖合度尋

尺中規鑿枘靡乖樸斲惟稱板榦既具垣牆以興支撐得其宜締搆取諸壯以周饎爨用固扃鐍風雨攸除塵泥莫侵若乃曲突以舒煙疏竇以流惡陳其鼒鬲闕其釜鬵釋之蒸之惟精惟潔俾其潘汁有所注氣焰有所通香風時来蕩滌煩燠斯乃厨之制也深中以虛受闔扉以制出陳其闕杙施其緘縢取之用之不費不約必使公供無所耗蔵計惟其明玄闕載施成我密固此又庫之宜也乃崇佛宇欄楯孔嚴乃飾僧堂屋壁增煥新

亭宏敞閬香積之飯危樓聳擢俯耆闍之山每至華鐘大鳴旭日三舍緇徒總集就食于堂莫不永歎表誠肅容膜拜先推尊像次及有情泊蒲牢之吼餘海潮之音畢五鹽七菜重秬香秔来自中厨列於廣榭咸造勿褻已事而竣本文作踆勤求者無次第之勞暮齒者有終焉之託不僁于素克壯其猶撿校上座僧淨業寺主靈凑都維那智寰典座道悟惟清老宿圓濟僧如空惟陟等虔奉矢謀式昭畢務故得莊嚴寶地豐潔中飡纂紹前規

招延後學以是功德俟其禕而夫教不自宏因人而大有以法從中得默契真空有以事假外緣用扶正諦總是二者其維真公真公俗姓張杭州鹽官人也歷劫勤道髫年出家闕雖冥心于此山蓋授記于前闕不然者安得宏誓既發羣心悅隨興立招提如此其盛大歷之季少連嘗吏登封暇日之遊竹園伊邇次宗之依惠遠鑿齒之慕道安塵俗之人幸不遐棄一行入仕二紀於茲前年典選洛師邂逅相遇名山在目道友依然顧言

從之王事拘我于是得其軌躅作厨庫記云時貞元戊寅歲皇帝纘服之廿載也

右厨庫記顧少連撰崔溉書在少林寺按溉在當時亦有書名筆法近拙而頗古穆録之

狀嵩高靈勝詩附宋王紳跋

府尹王侍郎准制拜嶽因狀嵩高靈勝寄呈三十韻

朝散大夫守衛尉少卿尉遲汾

雄雄天之中峻極闢維嵩高作鎮盛標格出雲為雨風瑞

時物不薦順澤年多豐加高冠四方白武通云中央之嶽獨加高字者何中央居四方之中可高故曰嵩高視秩居三公明朝虔昭報頒祀嵗嚴恭署祝紆御札詔賢道宸衷皇皇三川守馨德清明躬肅徒奉蘭沐竟夕王華東星漢耿齋户松泉寒壽宫具修諒蠲吉曙色猶蔥曚端儀大圭立興俛聲玲瓏挹瓚椒桂馥奏金巖壑空靈歆若有荅髣髴傳祝工卒事不遑偃勝奇紛四叢朝霞破林嶂錯落間蒼紅動息形似蟻玄黄氣如籠奔傾千萬狀羣嶽安比崇日月襟袖捧

人天道路通逭冥搜必殫竭躋覽忘崎穹踏翠遍諸剎趣
緜步難終浮丘僊袂接謝公屐齒窮龍潭應下瞰九曲
當駭容又有九龍潭在寺側崇崖對聳壁立千仞九曲分蓄緘黑不測龍門計東谿三
臺有何蹤雜道書云自嶽廟東北二十里至一山名曰東龍門其東有三臺山昔漢武東巡過此山
覩三學仙女遂以為名焉金像語奚應仙經云嵩高大巖下有佛圖音妙有大金像在中來語寺
僧密公密公時在嵩高寺寺在嵩脚上聞之欣然披林
求索時白霧昏迷失路一往看之即入山水維覩一壽
香去人三四步側足雙跳步步若有所引良久迴
顧去十步中忽有青鉄出就視之有自然天池玉人
光想融盧元明嵩山記嶽廟畫為神像有一玉人長五寸玉色甚光潤制作亦佳莫知早晚所造蓋嶽

神之像相傳謂明公山中人悉云嘗失之經句乃覩

瑤漿與石髓清骨宜遭逢

世說嵩山北有大穴中覩二人圍棊有一桮白飲與墮者飲氣力十倍棊者問願停否墮者云不願棊者曰從此西行天井中多蛟龍但投身入井自當得出若飢取井物食之墮者如言可半年乃出蜀中問張華華曰此仙館丈夫所飲者玉漿所食者龍穴石髓

況是降神處跡惟申甫同周翰已洽論伊衡亦期功誠富東山興須陟中台庸勉促旋騑軫未可戀雲松散材事即異期為卜一峯

太和三年六月十日刻字人薛元

余被詔禱雨於嶽祠獲是石於圮牆之下遂移置壁間

庶以圖傳之永也熙寧丁巳季春月中侍大梁王紳衮

儀

右尉遲汾書在中嶽廟壁按虎唐廟諱令詩内小

註稱白虎通為白武通知為唐文宗太和年也蓋

北魏亦有太和年云

嵩陽石刻集記卷上

欽定四庫全書

嵩陽石刻集記卷下

工部虞衡司主事葉封撰

唐三 行書

秦王告少林寺主等教

太尉尚書令陜東道益州道行臺雍州牧左右武侯大將軍使持節涼州總管上柱國秦王世民告柏谷塢少林寺上座寺主以下徒衆及軍民首領士庶等比者天

下喪亂萬方乏主世界傾淪三乘道絶遂使閻浮蕩覆戎馬載馳神州糜沸羣魔競起我國家膺圖受籙護持正諦馭象飛輪光臨大寶故能德通黎首化闡緇林既沐來蘇之恩俱承彼岸之惠王世充叨竊非據敢逆天常窺覦法境肆行悖業今仁風遠扇慧炬照臨開八正之途復九寓之跡法師等並能深悟機變蚤識妙因克建嘉猷同歸福地擒彼凶孽廓兹淨土奉順輸忠之效方著闕庭證果修真之道更宏像觀聞以欣尚不可思

議供養優賞理殊恒數今東都危急旦夕殄除並宜勉
終茂功以垂令範各安舊業永保休祐故遣上柱國德
廣郡開國公安遠往彼指宣所懷可令一二首領來此
相見不復多悉四月卅日

右太宗為秦王時告寺主等教刻裴漼碑上方相
傳世民二字為御書則全篇乃幕僚筆也按王世
貞亦云秀逸有法唐書妙品至裴碑稱御書碑額
七字葢指明皇書今碑額無傳而上有橫刻開元

神武皇帝書七字似屬後人所為耳　又按碑内
王字皆鑿没不知何時何人所為附記

會善寺戒壇碑

河南府登封縣嵩嶽會善寺戒壇　請抽東都白馬寺
僧崇光敬愛寺僧闕　同德寺僧重進奉國寺僧闕
香谷寺僧從恕惠安州龍興寺僧闕
右河南副元帥黄門侍郎平章事王縉奏得安國寺僧
乗如狀前件寺戒壇故供奉大德一行禪師與故臨壇

大德元同律師叶心創造殿宇幽閒自然嚴淨受戒之所洛城推最惜其高仁淪歿墉垣荒涼更屬艱難壇塔摧毀不有修葺竊愧先賢望抽前件奉律僧七人住持掃灑有闕續填每年建方等道場常講戒律庶福資聖壽國土安寧中書門下牒闕

牒奉勅宜依牒至准勅故牒大歷二年十月十三日牒中書侍郎平章事元載黄門侍郎平章事杜鴻漸黄門侍郎平章事王縉兵部尚書平章事李使檢校侍中李使檢校右僕射平章

事使中書令使右上闕

沙門乘如言伏奉云十月十三日恩命於河南府登封

縣嵩嶽會善寺常建戒壇兼抽　律七僧灑掃講律者

湛恩自天祇荷無地沙門乘如誠懽誠喜載欣載奔嵩

者五嶽之尊戒者萬行之首非絕頂岑寂曷詣茲希微

會善戒壇闕　登其封杳遺塵累躋其闕必契度

外比為碩德湮沈靈迹荒毀覩者興黍離之歎經之增

涕隕之悲陛下駐佛日之傾布堯雲之澤抽僧灑掃設

壇講律雷音永震更呼萬歲之祥聖壽無疆彌極九天之峻不任戴荷之至謹詣右銀臺門奉表陳謝以聞沙門秉如誠歡誠喜謹言大歷二年十一月闕日安國寺沙門秉如上表右中層

戒分律儀釋門弘範用申獎導俾廣勝因允在嚴持煩於申謝右下層代宗御書

右戒壇碑在會善寺西分三層刻上層中書奉敕牒中層沙門秉如謝表下層代宗御書敕二十四

字　按嵩高志畧云右勅乃大歷二年十二月會
善寺僧乗如因請允抽東都白馬等寺七人赴戒
壇灑掃講律具表稱謝帝手勅二十四字答之碑
刻會善寺後寺僧苦於求搨凡石上會善寺三字
皆椎去棄之寺西荒草中傳太常物色得之仍立
戒壇之左　又按書史稱代宗留心翰墨於行書
益工論其筆力非有太宗玄宗超邁之氣然亦有
足觀者此勅為行書矜嚴圓穩固自可珍

少林寺碑

皇唐嵩嶽少林寺碑

銀青光祿大夫守吏部尚書上柱國正平縣開國子裴漼文并書

原夫星垂梵界聖緣開萬化之先日照王宮神跡蘊三靈之始包至虛以見世象教久傳於曠刧龍羣有以示凡法身初應於中古見神通之力廣拔苦因開智惠（當作慧下同）之門深明樂界鶴林變色覲其戀慕之心鴈塔開

扉通其瞻仰之路少林寺者後魏孝文之所立也東京近甸太室西偏正氣居六合之中清都控九州之會緱山北峙亘宛洛之天門潁水南流連荆河之雲澤信帝畿之靈境陽城之福地沙門跋陁者天竺人也空心元粹惠性淹遠傳不二法門有甚深道業緬自西域來遊國都孝文屈黃屋之尊申繡當作緇林之敬太和中詔有司於此寺處之淨供法衣取給公府法師迺於寺西臺造舍利塔塔後造翻經堂香水成塗金繩為約苦心精

力俾夜作晝多寳全身之地不日就工如來金口之說
連雲可庇西緣長澗夾松柏之蕭森北拒深巖覆筠篁
之窅窱烟花濃靄瞑下天香泉籟清音曉傳空樂䟦陁
息心兹地樂靜安居感而遂通境來斯證寤寐之際若
有神人致石磬一長四尺規制自然聲律咸具得之河
曲空聞漢使之談浮於泗濵徒入夏王之貢管絃風夜
合清響於中天鐘梵霜晨諧妙音於上刧時有三藏法
師勒那翻譯經論遊集剎土稠禪師探求正法住持塔

廟虬箭不居光塵易遠虹梁所指象設猶存周武帝建德中納元嵩之説斷釋老之教率土伽藍咸從廢毁明皇帝繼明正位追崇景福大象中初復佛象及天尊象迺於兩京各立一寺因孝思所置以陟岵為名其洛中陟岵即此寺也隋高祖受禪正朔既改徽號已殊惟此寺名特令仍舊開皇中有詔二教初興四方普洽山林學徒歸依者衆其柏谷屯地一百頃宜賜少林寺大業之末九服分崩羣盜攻剽無限真俗此寺為山賊所刧

僧徒拒之賊遂縱火焚塔院院中衆宇倏焉同滅瞻言靈塔巋然獨存天龍保持山祇福護神力所及昔未曾有寺西北五十里有柏谷墅羣峰合沓深谷逶迤複磴緣雲俯窺龍界高頂拂日傍臨鳥道居晉成塢在齊爲郡王闕充僭號署曰轅州乘其地險以立烽戍擁兵洛邑將圖梵宮皇唐應五運之休期受千齡之景命掃長蛇薦食之患拯生人塗炭之災太宗文皇帝龍躍太原軍次廣武大開幕府躬踐戎行僧志操惠瑒曇宗等審

靈睠之所往辨謳歌之有屬率衆以拒偽師抗表以明
大順執充姪仁則以歸本朝太宗嘉其義烈頻降璽書
宣慰既奉優教兼承寵錫賜地卅頃水碾一具即柏谷
莊是也迨海寓既平憲章云始偽主寺觀盡令廢除僧
善護洞曉二門遠該三行詣闕進表特蒙置立武德中
寺有白雀見貞觀中明禪師造重塔之辰白雀復瑞見
璿圖肇啟初欲呈祥寶殿纔興遽聞相賀高宗天皇大
帝光紹鴻業欽明至理嘗因豫游每延聖敬咸亨中乘

輿戾止御飛白書題金字波若碑留幡象及施物永淳中御札又飛白書一飛字題寺壁雲開顧鶴電轉游龍神草競秀於椒塗雲泉迴飛於錦石雕甍增耀若綴春葩金疊分輝似懸秋露天皇升遐則天大聖皇后為先聖造功德垂拱中有冬竹抽筍塔院後復有藤生證聖中中使送錢於藤生處修理階陛寺上方普光堂功德隨日修造自爾飛鳥莫敢翔集此寺跋陁疏置業造神徽皇家尊崇事光幽祕珍符薦臻於動植靈應亟發於

庭除累聖屬心每頒渥澤王言宸翰既疊暎於雞峯寶像珠幡亦交馳於龍蹬皇上睿圖廣運神用多能藉明臺之化清繹天池之墨妙以此寺有先聖締搆之跡御書碑額七字十一年冬爰降恩旨付一行師賜少林寺鐫勒梵天宮殿懸日月之光華佛地園林動烟雲之氣色漢元魏武徒衒奇於篆素鍾繇蔡雍虛致美於緗簡日者明勑令天下寺觀田莊一切括責皇上以此寺地及碾先聖光錫多歷年所襟帶名山延袤靈跡羣仙是

宅邁羅閼之金峯上德居之掩育王之石室特還寺衆不入官收曾是國土崇絶天人歸仰固以名冠諸境禮殊恒刹矣高僧跋陀明三藏心禪諸門弟子惠光道房稠禪師等精勤梵行克傳勝業惠光弟子僧達曇隱法上法師等十大德亦號十英復有達摩禪師深入惠門津梁是寄弟子惠可禪師等玄悟法寶嘗託兹山周大象中寺初復選沙門中德業灼然者置菩薩僧一百二十人惠遠法師洪遵律師即其數也皇唐貞觀之後有

明導慈雲（闕）素智勤律師虛求一義洞真諦之源復有大師諱法如為定門之首傳燈妙理弟子惠超妙思奇拔遠契玄蹤文翰煥然宗塗易曉景龍中勅中嶽少林寺置大德十人數內有缺寺中抽補人不外假座無虛授澄什聯華林遠接武星霜殆周於二紀蘭菊每芳於十步上座寺主都維那等牢籠法藏遊息禪林德鑒神珠戒成甘露海內靈岳莫如嵩山山中道（闕）茲為勝殿二室迴合八谷潺湲地匝貝花門連石柱妙樓香閣俯

暎喬林金刹寶鈴上揺清漢法界之幽贊如彼皇家之福應如此天長地久不傳忉利之宮劫盡塵微孰記鐵圍之會精求貞石博訪良工將因墨客之詞或頌金仙之德聿宣了義遠喻真空其詞曰恒沙國土微塵品類妄見飛奔正心蘊櫝昏途莫曉淨根將墜樂於葢纏若安夢寐承當作烝哉大聖降跡閻浮潛迴寶軸廣運慈舟實無滅度示有降柔紺宮西闢白馬東流迷因慢生悟為信起玉刹斯建寶山載峙花臺竹林清泉妙水靜唯

真相湛然攸止巖巖嵩嶺河洛巨鎮下屬九溪上干千仞天磴重阻仙都清峻式創招提是資誘進婉彼上德載誕耆闍傳業西土演教中華孝文申敬恩錫仍加經營宴室迴出雲霞中嶽北阯嵩山西麓斜界玉池洞開柏谷紆餘岡澗連延水木鬱起旃檀云誰卜築吾師若行清修道塲勵精像宇專力經堂金界繩直椒塗水香散花有地棲禪得方解空應真默識開士乗栝遊集振錫戾止翻譯幽偈發輝妙理僊磬感靈神雀降祉運交

土木代歷周隋刦火遞起魔風競吹法身咸翳淨國同
隳或聞興復詎振崩離神堯應期撥亂反正皇矣覺力
大宏福慶式遏醜徒聿扶神聖畀降恩旨兼敷錫命高
宗時豫先後卜征亟迴雕輦屢倚虹旌巖題王札地振
金聲珍符薦至在物斯呈我皇龍興有典咸秩懿茲上
界式儲神筆雲摇大圍鑾迴少室草垂僊露林昇佛日
護持八正每候能仁跋陁降德稠公有鄰厥後真侶更
傳了因辨才高行無替清塵倬焉梵衆代有明哲今我

諸公蘊彼禪悅芳越蘅杜淨踰氷雪遠締津梁無非苦
節須上靈岳山間寶殿秀出梵天孤標神縣芥城可竭
桑田有變貞石永刊靈花常徧
開元十六年七月十五日建
右少林寺碑裴漼撰并書在少林寺嵩山諸碑行
書中此為第一　按王世貞跋云裴懿公漼書少
林寺碑開元十六年建又在嵩山而金石録不載
何也裴少時負文筆號霹靂手而雅不以八法名

此碑辭至沓拖不可讀而書頗秀勁多媚態得非時代為之邪傳不載階封此書銀青光祿大夫正平縣子亦可補傳之闕

永泰寺碑 節錄題頌

大唐中嶽永泰寺碑頌 并序

龍興寺沙門靖彰撰

佛性微徧含識隱顯自在兮無量力開祕藏耀無疆寶刹嚴凝兮遷路長韻慈鐘震懸極警衆沈昏兮清闇域

光勝宅啟津梁淨彼地獄兮與天堂昔明練今永泰跂

陁遠記兮斯為大刻珍石炳徽言曠代昭宣兮萬祀傳

天寶十一載歲在壬辰閏三月五日建潁川處士荀望

書

右永泰寺碑頌釋靖彰撰荀望書在永泰寺書法

肥重不甚雅馴僅録其頌

道安禪師碑節録

大唐嵩山會善寺故大德道安禪師闕

廣平宋儋撰兼書

禪師法諱道安俗姓李氏荆闕人也玄悟慧達神聰道心秀氣古顏紺髮青目奇其儀表質於言談自弱年師問獨闕塵惑躬被艱難行洞精苦越生於開皇洎夫大業禪師已德聞於周鄭矣

大師每歎曰余嘗有願當令一切俱如妙門獲所安樂學人多矣惟秀與安惜其才難也將吾傳之不至歟令法要當付付此兩子吾無憂哉上因數徵請之以師受

禪要禪師順退避位推美於玉泉大通也從此就皋藪翳林榛高讓名同堅闕師闕謂人曰山間樹下難可厭捨豐石足以枕倚香泉足以澡漱與道而游不樂何求竟居嵩山會善寺焉

詢諸耆宿僉云禪師生於大隋開皇四年滅於有唐景龍二年春秋將百有廿餘歲矣而急其聖道遺其歲時故莫得實其報闕也

建塔僧破竈

開元十五年十月廿日建

右道安禪師碑宋儋撰并書在戒壇寺西南按志載傳梅云道安禪師碑廣平宋儋撰兼書文尚可讀字遒勁多骨而風致超逸出李北海上末云建塔僧破竈下損一字袁中郎謂為神僧破竈墮余細辨損處下從木不似墮字豈嵩山有兩稱破竈者乎可疑也予謂此書雖有風致然用筆傾側殊遜北海書史評儋書如寒鴉棲木平沙走兔是為

似之耳至淳化閣帖誤列僧書於秦程邈之後絕勝於此而黄山谷亦稱僧書筆墨精勁又稱僧書姿媚尤宜於簡札惜不多見則固當時名筆也今碑已於萬歷時雷轟為兩截矣其下截為土所瘞踰二尺許掘地出之文甚糢糊不可讀節錄三條云

靈運禪師碑

唐少林寺靈運禪師功德塔碑銘并序

宣德郎試大理評事崔琪撰聖善寺沙門勤

虛空廣大乎其體智慧圓融乎其用凝而不生湛爾常寂離修離證非色非心歷微塵劫遍闕沙界無量國土皆清淨無量昏暗皆光明誰其得之吾聞諸上人矣上人諱靈運蕭姓蘭陵人梁武帝後皇考翥號州恒農縣尉初上人之生也戒珠孕於母胎定水瀓於孩性內典宿植外學生知白雲凝其高志明氷峻其苦節泛如也時不能知常以為幻境非實泡身是妄五色令人昏五

音令人聾五味令人爽噫輪彼生滅無時息焉吾將歸根以復於正因遊嵩山至少林寺有始終之意焉會舅氏掾於高平而上人遂緇於此郡王立凡石不可喻其炯然日暎衆星無以方其明者竟移隸茲寺以副乎夙心無何習禪決（當作訣）於龐塢珪大師潛契密得以真貫理照十方於自空脫三界於彼著慧眼既淨色身亦如始知夫心外無法所得者皆夢幻耳然後觀大地土木無非佛刹焉空山蒼然窮歲默坐猿對茶椀鳥棲禪菴

彼嶺雲無心即我心矣彼澗水無性即我性矣夫如是孰能以凡聖量之乎故吾在造化中如夢中也粵開元十有七祀夏五月廿二日不示以疾泊然而終苦霧晦黃於天地悲風哀咽於草木吁崩吾禪山涸吾法海空吾世界使凡百含識大千有情荼於是火於是可勝言哉故門人堅順獨建靈塔於茲山奉遺教也夫願德丕發不有超世先覺而出夫等夷者則曷能傳我法印以一燈然千萬燈乎彼上人者嶷然倬立以定慧為藏以

涅槃為山圓通於不住之境出沒於無涯之域適來時
也適去順也今則絶矣瞻仰如之何夫事往則迹移歲
遷則物換況法與化永念從心積豈可使上人之高歿
而不紀是斲[闕]石以旌斯文銘曰上人伊何傳我法印
其體也寂其行也順紛彼識浪汩夫夢情非照不矚非
澄不清作大醫王為大禪伯岳立松古蓮青月白一朝
化滅六合悽愴世界颯空雲山忽曠色身謝兮法體存
金界慘兮鐵圍昏噫我所留者惟心源

天寶九載四月十五日門人堅順建

右靈運禪師碑銘崔琪撰沙門勤　書在少林寺

按王世貞跋云靈運碑者唐崔琪撰末云聖善寺沙門勤下殘缺二字當時僧書耳文淺陋不足道書法絶類聖教無一筆不似後世傾側偃卧以取姿態者其人材雖足稱要之有媿於此髭也

寺西石塔靈運師墳即梁帝皇嗣者也

右十五字刻於靈運碑頂不知何人書亦有風致

附録之

宋一 正書

真君祕誥

翊聖真君祕誥

去執忘貪少思寡欲世短人浮晝夜輪促醉飽腥羶減壽絶禄祕語靈文謹守莫觸

嘉祐五年七月三日崇福宫立石

右翊聖真君祕誥今在文昌宫無書人姓名筆法

似顏魯公可稱名筆

真武經

元始天尊說北方真武經

啟請仰啟元天大聖者北方壬癸至靈神金闕真尊應化身無上將軍號真武威容赫然太陰君列宿虛危分秀氣雙睛掣電伏羣魔萬騎如雲威九地紫袍金帶佩神鋒蒼龜巨蛇捧聖足六丁玉女左右隨八殺將軍前後衛消災降福不思議歸命一心今奉請爾時元始天

尊於龍漢元年七月十五日於八景天宮上元之殿安

祥五雲之座與三十六天帝十極真人無量飛天大神

玉童玉女侍衛左右一時同會鼓動法音天樂自響大

衆忻然咸聽天尊說無上至真妙法是時上元天宮東

北方大震七聲天門忽開下觀世界乃有黑毒血光穢

雜之氣幽幽冥冥從人間東北方直上衝天盤結不散

大衆咸驚黙然不敢議問時會中有一真人名曰妙行

威德充備諸天遵仰越班而出執簡長跪上白天尊曰

此境乃清淨太陽道境何得有此黑毒之氣盤結衝上
是何異因惟願天尊至聖為衆宣說絶其疑慮天尊告
曰汝等妙行能為衆心發問是由汝當復坐静黙安神
吾當為説天尊曰下元生人皆禀清淨氤氲真一之形
悉備三萬六千神氣扶衛其身令巳陰陽數盡刼運將
終魔鬼流行信從邪道不省本源諂求餘福昏迷沈亂
不忠不孝不義不仁好樂邪神禱祭魔法令為六天魔
鬼枉所傷害或老或少或男或女未盡天年横被傷殺

本非死期魂無可託鬼毒流盛死䰟不散怨怒上衝盤
結惡氣汝當省知於是妙行真人與諸大衆聞是說已
心大驚怖欲請天尊威光暫降下收除魔鬼救度生人
拔濟幽魂去離邪横大衆懷疑未敢天尊告曰不勞吾
威神此去北方自有大神將號曰真武部衆勇猛極能
降伏邪道收斬妖魔真人上白天尊曰不審此位神將
生居天界修何道德為於神將天尊告曰昔有淨樂國
王與善勝皇后夢吞日光覺而有娠懷胎一十四月於

開皇元年甲辰之歲三月建辰初三日午時誕於王宮生而神靈長而勇猛不統王位惟務修行輔助玉帝誓斷天下妖魔救護羣品日夜於王宮中發此誓願父王不能禁制遂捨家辭父母入武當山中修道四十二年功成果滿白日登天玉帝聞其勇猛勅鎮北方統攝真武之位以斷天下妖邪真人上白天尊曰如何得此神將入於下方收除魔鬼救度羣生免遭橫死日有所益伏願大慈天尊遂其所請天尊乃勅右侍玉童馳招真

符一道遥往北方召其真武神將其神蒙召部領神衆
徑到天尊前長跪臣已奉玉帝勑命位鎮北方今日何
緣得覩慈顏特蒙符召天尊告曰吾於上元宫中大會
説法忽下方黑毒怨氣衝上天界大衆咸驚汝宜往彼
收斷妖魔拔濟魂爽真武神將敬奉天尊教勑乃披髮
跣足踏騰蛇八卦神龜部領三十萬神將六丁六甲五
雷神兵巨虬師子毒龍猛獸前後導從齊到下方七日
之中天下妖魔一時收斷人鬼分離寃魂解散生人安

泰國土清平真武神將與諸部衆還歸上元宮中朝見
天尊曰昨奉教命往下方收斬妖魔仗慈尊力乃於七
日之内天下邪鬼並皆清蕩天尊曰善哉汝等諸神得
無勞乎於是真武神將闕交乾布斗魁剛激指上佐天
關而作咒曰太陰化生水位之精虛危上應龜蛇合形
周行六合威攝萬靈無幽不察無願不成刼終刼始翦
伐魔精救護羣品家國咸寧敢有小鬼欲來見形吾目
一視五嶽摧傾急急如律令天尊告真武曰自今後凡

遇甲子庚申每三月七日宜下人間受人之醮祭察人之善惡修學功過年命長短可依吾教供養轉經衆真來降魔精消伏斷滅不祥過去超生九幽息對見存獲慶天下和平爾時妙行真人與諸天帝無量飛天神王真仙大衆聞説莫不歡喜踊躍一時作禮讚歎功德我等今日蒙大法利益請於人世救護衆生令得免三災患難各各受持稽首奉行真武神將再奉天尊勅永鎮北方奉辭而退

元始天尊說北方真武經

三元都總管九天遊奕使左天罡北極右員大將軍鎮天真武靈應真君下降之日正月初七日二月初八日三月初三日生辰初九日下降四月初四日五月初五日六月初七日七月初七日八月十三日九月初九日十月二十一日十一月初七日十二月二十七日真君諱乞字忌食鴈牛犬鼈鱧蒜

宋元符二年歲次己卯正月甲辰朔二十八日辛未河

南宋傳書并立石武宗孟畫張士寧刋

右真武經宋傳書按宋未有名而其書秀雅可觀頗似趙文敏且嵩碑絶無小正書録之

宋二
行書上廟寺碑記

中嶽醮告文

中嶽醮告文

御製

維大中祥符八年歲次乙卯二月壬子朔二十五日丙

子皇帝　稽首言伏以列辟之規有邦之典必依憑於
神化用保祐於生民禮存大享之言書著咸秩之訓上
下之祀必在於交修神人之和乃臻於多福所以勵明
誠於鑒寐奉嘉薦於苾芬庶使不測之靈誕昭於忽怳
無疆之應允洽於希微竊念猥以眇躬昭茲大寶荷監
觀於穹昊承積累於祖宗致百福之來同由三神之儲
祉向自交馳玉帛倒載干戈尉候聊存風俗無外古先
盛德之事罔不繁興圓清眷祐之心由其丕顯發春戒

序吉日協期夕夢先通祕文嗣降既而徇鄒魯之望幸
修云岱之上封綠錯之圖疊承於錫羨紫烟之燎言獲
於升中以至輯玉於魏脽旋軫於郟鄏款后祇而躬祈
穡事朝山園而再展孝思飈馭下臨璿源遡悟珍臺肇
葺寶宇奉安將以伸遹追罄乾鞏定國陽之位方答乎
天祺詰澗曲之庭先朝乎道祕歷平臺而駐蹕遵藝祖
而建都盛則繼揚彌文悉舉率土修貢輿誦多歡律呂
回環未盈七載禮容首冠俄已三成自先置之辰迄飲

至之日鴻猷景鑠既已有融美貺禎圖抑復無筭爾乃甘泉滋液神草紛披珍木交柯靈禽接羽喬雲炳蔚嘉氣氤氳日月揚於榮輝星宿應於瑞諜考於曩古益墳史之末傳萃於方令乃耳目而咸熟至若齊琁璣之七政和玉燭之四時通範圍之闕文惠海域之黎獻千倉之積盈儲峙於大農三尺之繁措刑辟於司寇顧惟眇薄成此治平欲闕 於百靈用永安於九寓乃詢甲令於掌禮之官乃訪祕科於修真之士載念始繕儀於岱

岳俄欽至於譙都或豐厥牲牷或絜斯蘋藻或崇壇而
斯建或靖館而斯臨雖復欽翼内增齋明上達然而茫
茫曾宙杳杳方輿其載無聲其功不宰高也明也豈裨
竈之所詳知經之緯之豈豎亥之所徧步穹壤之表非
可以臆論鬼神之形莫諧乎縷見寒門所會既秩序而
靡彰塗山所朝亦壇宇而曷識琁臺珠闕邈處於鴻濛
之中金簡琅函莫盡於杳冥之際其有默然妙用幽贊
丕功或命歷之云毗或造化之攸輔烈風迅雨仰其節

宣精氣遊魂資其陶冶或高處於清都紫府或下居於
名山祕洞或德及庶物世罔之聞或力濟羣生人弗之
論雖茂承於純嘏而終闕於豐禋茲謂弗欽何伸大報
由是內懷顒若遠考徧陽庶達寅威以酧況施刻復載
稽地志緬眺靈區挺喬嶽以奠方號下都而分治神鄉
福地咸紀寶章秉烟御風常迴歘駕是以擇陽和之序
瞻峻極之峰祇遣輶車遐修醮席縷形善禱罄達至虔
夫國之所保者民民之所尚者生生之所切者食食之

所豐者歲倘或疵癘靡作富庶允登壽考可期順成常洽然八荒之外俗變風移九服之中導德齊禮衣冠不異何止於緩刑文告靡施孰煩於用武是則天之祐也神之顧也敢不勵乃志懲乃心以保乎盈成以戒乎逸豫兢兢為務庶協於永圖翼翼在懷實期乎來格無任懇禱之至謹言

天禧三年九月日建

翰林待詔朝奉郎行少府監主簿賜緋臣劉太初奉勅

書并篆額中書省玉冊官御書院祗候臣沈慶臣晉文
寶鐫字

右中嶽醮告文真宗御製劉太初奉勅書刻於石幢八面在中嶽廟峻極門外庭中按太初為翰林待詔以書為職其書有唐人風故可觀也　又按宋諸奉勅書碑皆御書院祗候刻字設有專官以共其事此他代所未及也因備錄其銜名云

中天崇聖帝碑 節錄題銘

大宋中嶽中天崇聖帝碑銘并序

翰林學士中大夫行尚書主客郎中知制誥史館修撰知審刑院事柱國太原縣開國子食邑五百戶食實封一百戶賜紫金魚袋臣王曾奉勑撰翰林待詔朝奉大夫守太府少卿同正輕車都尉臣白憲奉勑書并篆額

沈潛定位坱圠殊形或融或結為紀為經奠方作鎮含澤儲靈生物不匱得一以寧節彼嵩高峙兹中土帝宅開疆仙臺胥宇霜露所均梯航攸聚四國是維千畿式

序奚其主治邈矣清真宣功博載授職高旻財成庶類
陰隲齊民列辟嚴奉牲牷有倫乃視公爵隆周集慶乃
啟王封皇唐累盛奉若貞期對揚景命將極推崇聿求
元聖炎精撫運蒼震承基天臨赤縣風偃遐圻祀事肅
增祠官允釐勤恁大寶交修上儀謁款隆脽交塗太室
期慕仙館裦回雲蹕何以致誠於焉望秩明詔誕敷徽
言有述温珉載刻羽衛斯皇登於帝籙飾以袞章信辭
郁郁鑾車鏘鏘法座臨遣縟禮具揚四牡於征殊庭戾

止潔志旁達靈心遄喜霰雪霏灑卿雲蔚起顧德歆馨
發祥闕祉昔在治古祗惕明威道苟中否神亦靡依赫
赫我后聿彰鴻儆祭則受福先而不違顯號克崇丕猷
允穆流詠琬琰飛英筞祝峻屺盂安高巖雲矗等固瑤
圖永綏坤軸
大中祥符七年九月七日建中書省玉册官文林郎守
高州司馬御書院祗候臣王欽刻字
右中天崇聖帝碑銘王曾奉勅撰白憲書在中嶽

廟令節錄題銘

重修中嶽廟記

重修中嶽廟記

鄉貢進士駱文蔚謹撰并書

恭聞聰明正直者神於是乎封五嶽命四瀆以主天地之柄温良恭儉者人於是乎位三公侯萬户以序君臣之政神之靈雪霜風雨應其候人之正士農工商樂其生是知神正則福善人貴則通神既感應以相符在影

嚮而斯契嵩嶽廟者名高祀典位冠中央南汝川而北洛川地封靈鎮左太室而右少室天設神宫國家祭享之外留守祈禱之暇每至清明届候媚景方濃千里非遥萬人斯集歌樂震野幣帛盈庭陸海之珍咸聚於此或曰非禮然事涉餘論且理亦存焉使人畏其神則暗室之中有所畏也使人畏其法則康莊之内有所懼也若畏其神懼其法成政之道亦在兹乎其如所獻不可勝紀雖云廟用未曰精專歷政以來罕革厥事不有明

略無由立功留守侍中稟岳之英得河之靈許國忠貞
施政肅清於是奉君之餘愛民之暇乃偵斯邑備聆厥
由一日命僚佐曰食君之禄豈徒然哉今欲務本成政
如斯可乎四座咸曰善於是選彼公人監之於廟未逾
朞月所獻寶貨幣帛充溢廊廡仍令掌綰竚俟修崇乃
差軍將孫禧相度又差登封鎮將郭武等曰以爾蚕親
左右聽吾指蹤擇彼杍人臻其必葺雜用二十三處行
廊一百餘間莫不飾以丹青繪之部從栽松植木去故

就新不可一一盡紀俄而吏不敢欺告厥成功仍聽民歌靡敢弗録歌曰時之泰兮聖人功政之清兮君子風覩廟宇兮嚴潔賴明師兮修崇足使謁者生肅然之禮祭者敦如在之恭則明神貴人感應之兆信不虛耳文蔚奪篹無能編苫自許徒寄化風之内幸窺修飾之功是罄蕪詞直書盛事慮年代以杳邈勒貞珉而斯在時乾德二年八月五日記

右重修中嶽廟記駱文蔚撰并書在中嶽廟按乾

德為趙宋初年去唐未遠此書雖似稍拙然瘦樸

有骨畧似歐陽率更錄之

會善寺重修佛殿碑節錄題名

大宋嵩山會善寺重修佛殿碑

翰林學士朝請大夫尚書兵部郎中知制誥柱國賜紫

金魚袋王著撰前攝大理評事王正已書

開寶五年歲次壬申閏二月二十八日建莫仁美刻字

右會善寺重修佛殿碑王著撰王正已書在會善

寺按書史云宋有兩王著善書者字知微官終侍書而翰林學士王著自是一人今稱學士而書屬王正已其非知微可知矣此書雖法聖教序嬾散少骨氣僅録題名

宋三行書下題名雜著

嵩陽宫石柱題名二十二條附明一條

侍禁上官士衡著作佐郎張甫進士李冠皇祐二年三月廿六日遊此暮宿於峻極中院

大宋皇祐辛卯七月十八日潁川陳知損陪邑大夫宫舍趙畋巡檢侍禁上官士衡縣尉田盛太室山人劉正之遊天封觀

蘇舜元才翁題皇祐癸巳孟春因之河南府也

右按書史稱蘇才翁筆簡而法足與弟子美同有書名黃山谷極其推重至謂學書二十年抖擻俗氣不脱晚得才翁書觀之乃得古人筆意今觀所題數字故可重也

趙士宏朱壽臣舒昭叙王慎微同遊皇祐六年仲春晦日公嗣題記

錢衮去私張淮次公同遊嘉祐己亥七月十九日黃通介夫書

陳知雄守柔趙抗正辭同遊嘉祐壬寅歲仲冬初六日也嘉祐癸卯六月二日頴川陳守柔再遊成之失約

熙寧己酉歲春二月六日來觀邢恕和叔題

熙寧己酉二月七日崔象之元公亮馬嗣宗同邑令張

公玉游嵩至此觀主樊尊師看題此係潘尊師碣陰第一條誤編於此

余與子由攷試西洛進士畢同遊二室諸寺最後過天封積思觀道子畫遂行熙寧五年九月十日也

右無書名按袁宏道記云稱子由不以氏語氣酷似大蘇是時子由以忤安石出為河南府推官而子瞻送杭州進士詩序有云熙寧五年錢唐之士貢於禮部者九人十月乙酉晏於中和堂公是年監試杭州不應復至洛也其人定佳士當是西京

教授王平甫輩耳

范陽祖無擇上谷寇仲武游熙寧癸丑孟春二日

熙寧癸丑仲春月二十四日南梁張起同上谷寇公輔遊此

焦通寇博雅熙寧癸丑二月二十六日題

癸丑歲清明後一日陳知儉率馬申王壽同游天封觀蘓注題

汶上東端卿淮西郝闢之元豐戊午五月廿六日同遊

新監臨安茶税張克蒙從妻父樊少偓遊此崇寧二年
季春十有一日

濮陽李孝稱來遊崇寧癸未五月記

文及甫挈家遊崇寧三年三月十闕日觀退之題吳畫

夏聖求李季明袁僊夫遊大觀丁亥四月六日

政和改元仲春唐通叟拉李免之自中頂過精思天封
唐鎬侍行

原武邢儔朝謁神霄像罷過天封得先公題字壁間不

勝孺慕三川王堯文同遊宣和癸卯八月朔

蜀郡何㮚宣和七年三月二十二日遊天封觀

後五十三年獲觀先人朝奉題柱項城縣丞馬雲夫謹

書蒼谷正德乙亥攜兒同遊今復攜府遊此義社長劉

咸王爵司應元識按蒼谷乃王尚絅别號

右以上題名二十二條附明一條皆刻於嵩陽宫

石柱者也去漢栢不數十武柱八面其下為土所

壅甚深掘地踰二尺許乃盡搨之按袁宏道記云

漢栢榦不甚修者土掩其本也由此推之想當然
耳今以年月先後次第之後倣此

紀聖德碑陰題名二條

熙寧辛亥冬十月十日琬以受代寮邇嵩致政祕監劉
公几伯壽侍禁陳天錫伯祥藍山令董清臣直甫登封
縣尉曾君弼鄰右進士王裒損之會飲天封觀和真菴
劇談雅觀步月引退大理評事知登封縣事張琬公玉
燭下題

涌上盧漢傑率金臺李百和潁川李剛中遊紫虛谷該道友茶酌七星泉登三醉石回觀聖德碑時宣和七年歲次乙巳改元二日題

右題名二條皆刻於紀聖德碑陰者也

潘尊師碑陰題名十五條內崔象之一條誤編於嵩陽宮石柱之下

水部郎中知宗正丞公事趙宗誨師正惠然訪我因語少年把臂白髮相逢遂從兒孫輩遊承天觀雅飲劇談之暮引退熙寧辛亥仲春望日秘書監致仕劉几伯壽

題男大理評事唐憲武陟令唐民姪太祠郎唐老唐洛孫試芸閣吏高侍行壻監登封酒稅杜寧諫壽臣未至錢侍問王仲元任仰之魏祖況弟闕祖辛亥三月初六日謁承天李師到此

少室野夫劉几東密田述古熈寧辛亥季春廿二日同遊殿中丞新通判汝州張璔君儀弟大理評事知登封琬公玉熈寧辛亥三月二十四日率羽人張子隱雲夫傳繼登嗣真釋顯泰宗約山人周谷深夫遊

李禹卿因遊長官寨憩此真宫時熈寧辛亥季春二十
六日子姪述迥幢侍行
公度晦之壽臣損之壽春至此熈寧四年三月十八日
公度弟淳翁壽臣子昌弼同遊
余與寇仲武遊山至此抵暮而歸熈寧六年正月二日
祖無擇題按此與石柱條同日題
内侍王紳道士王成之同遊異景傍徨久之衮儀記
右無年月按王紳跋尉遅汾詩乃熈寧丁巳因叙

於此

元豐辛酉季夏望日河南元聖庚觀碑勛從行

鄄城李昂元祐庚午季春

趙郡李夷行鄄城李昂祥符楊彦章元祐庚午中秋三

日同遊

李公弼仲修元符巳夘閏九月來遊

樓試可王通玉范邦直李仔肩宗仲基王叔敬同遊元

符庚辰歲九月十九日

滎陽張　同羽人趙守素遊政和癸巳六月廿三日予

楝侍行

右以上題名十五條皆刻於潘尊師碣陰及左右

旁者也

戒壇碑旁題名一條

李仔肩宗仲基王通玉王叔敬

右題名一條刻於戒壇碑旁者也按潘碣題名樓

試可條有李仔肩諸姓字爲元符庚辰此當同時

耳

石淙題名 四條

范純仁至和二年十月望日遊同洪川 闕

右按此題十月以下在王績詩行間字體不全難以盡搨

張璔弟琬熙寧庚戌十月廿二日同釋顯泰遊

宣和甲辰元宵後一日自許昌之華凌晨冒寒乘興獨遊王績公紀題

右按此題前有詩云磴道山巖下茅楹竹樹中深潭魚可見攢石路繞通坐聽潺湲碧懸思爛漫紅平生丘壑志覽此興何窮因刻於范忠宣題名之上字相參互刪之

王仲疑鄭修年弟億年李伯達向子諲宣和乙巳七月來

右無書名按書史載王仲嶷字豐父向子諲字伯恭皆有書名應出二公手也

右以上題名四條皆刻於石淙張易之序後者也

文昌宮壁題名四條

張景儉王起陸經從遊

右按此石有潞國公文彥博嘉祐庚子三月十八日遊十六字潞國公文彥博六字乃大字筆頗重拙故並年月刪之録此九字

權發遣京西轉運使張杲被旨謁嵩山崇福宮安挂御賜二門牌大觀庚寅十一月二十九日至此

政和甲午十二月十一日幸緣職事經從恭謁祠下康
厚書男實侍潘璋宋繼稱從行
左武大夫忠州團練使知東上閤門事提舉中太一宮
兼祐神觀公事王鄖子堅右武郎提點醴泉觀陳彪炳
文忠訓郎王淵深甫因隨侍闕 節使太尉詣崇福得
獲恭參啟母殿下遂觀聖迹不勝大抃時政和戊戌孟
夏十有八日彪謹題捧硯人劉天錫
右以上題名四條今在文昌宮宮在今縣學東即

萬歷中傳公梅所建存古書院址也按公自為記云予嘗往來嵩山之麓每每從瓦礫荊棘中見有古人尺碣片石磨洗辨認但文字可識者則當作即移置此中嵌於堂壁若鱗次然公餘過之左右顧瞻輒移時不能去今凡稱在文昌宮者葢皆此院之遺也宮湫隘石列暗處難於觀玩余將興復嵩陽書院而移置焉

少林寺詩

宿少林寺

保平軍節度使同中書門下平章事判大名府兼北京留守司事潞國公文彥博

六六仙峯繞佛居俗塵至此暫銷除西來未悟禪師意北去還馳使者車余方受命移守北都五品封槐今尚在九年面壁昔何如心知一宿猶難覺花藏重尋貝葉書

嘉祐五年四月一日給事郎守太子中舍知河南府登封縣管勾崇福宫事燕若壯立石

右文潞公詩在少林寺按文氏停雲館帖載公書
與此不似公為有宋名臣書史稱其筆勢清勁不
媿古人且詩亦可誦故並銜名年月録之俟考

三十六峯賦

三十六峰賦 并序

四明樓異試可

余少聞洛邑之盛在唐宋為東西都而山川形勝之富
視他州為傑觀昔韓退之白樂天見於歌詩形容勝概

有詠歎不足之意後歐陽文忠與梅謝諸賢相繼為僚友數遊嵩少間至今以為美談余幸以不敏得令嵩高縱觀諸境未有過少室者而巉巖聳拔乃在戶牖間朝夕博望歷歷可數因作三十六峯賦以自廣非敢竊比古詩之流云

伊浮雲之公子兮訪道於林丘而棲神於巖谷超然有遊方之志兮乃東升於岱頂而西謁於華麓雖衡陽之南兮與夫恒山之北靡不窮探歷踐兮游心而騁目獨

怡然而忘歸兮内欣然而自足忽御風而行兮排空濛

而造中域徐睥睨以四顧兮意惚恍而有失遭嵩高之

丈人而問津兮日游四方而真有得何高之不登兮何

危之不陟兮乃西望兮岌然而聳特雄柱天綱兮横亘

於地軸連絡偃覆兮龍盤而虎伏雖華以九而巫以十

二兮曾未覩奇峯之六六丈人放杖而笑兮秋水方至

而河伯自溢于烏覩海若之難匹兮獨不聞中天之少

室其高則嶢屼嶒崒崟岑鬱茀兮十有六里而疊有十

八其深則環紆縈繞盤糾紛錯兮上方十里而周圍一
百包嵩陽以作鎮兮截轘轅以為郭眷歌山之所聞兮
觀舞水之所樂其上則有嘉禾甘果兮神芝與僊藥石
柱若承露之盤兮帝休若楊枝之葉石脂所滴兮飲之
可以長上古玉膏在巔兮服之可以揖羽客雲母之井
兮寶所聚光明之穴兮晝所鑠一丈之鍾乳兮可餐千
歲之資糧兮不絕其中可避兵水之災兮自有經書之
博其神異則玉女爛織錦之文兮金人迷白露之落雲

洞警時聞之鐘兮石井泣哀鳴之鶴王子晉環之以為壘兮阿育王寶之以為塔潘岳記曰少室山有十八疊周圍一百里西征記曰少室山上方十里元和郡國圖志曰少室山其高十六里山海經曰少室之山有木焉名曰帝休葉如楊其枝五衢郭璞曰少室山巔有白玉膏服之得仙郡國志曰少室有金像人往視則有白霧起迷人道書曰少室之陽可避兵水之災嵩山記曰少室山有雲母井出雲母神仙傳曰少室山有自然五穀甘果神芝仙藥周太子晉學道上仙有千年資糧留於山中下有石室中有自然經書自然飲食與世無異石室前有石柱似承露盤有石脂滴下食之一合與天地畢郡國志又曰有王子晉壘猶有九十年資糧在山中河南志曰歌山舞水在諸峯内阿育王塔在山北玉女織錦臺并堂在東北堂内石色斕斑煥如紋錦鍾乳穴在山東南穴中有鍾乳徑頭

大一丈光明穴在山東南角深三里餘直上五百尺晝夜長明雲鐘洞樵人往往聞鐘聲石穴井昔有二人得道一人誤傷而死一人化為鶴求其死者哀鳴泣血滴石成穴此皆公子之所未知兮而丈人之所安宅丈人曰名生於實兮義設於適子知其一兮未知其二子識其外兮未識其內是徒知六六之所有兮而烏覩六六之名義東朝嶽祠儼百神兮西望洛邑鬱千宮兮下瞰洛陽其形如拱揖嶽祠太陽少陽山之明兮在山之南明月峯之左日月之名太陽居衆象峯之南故名少陽石城石笋天所形兮上有石天然峭如城壁狀似笋秀拔萬尋檀香丹砂寶所鍾兮山多出檀峯皆紅色光明

亦云出朱砂鉢盂香爐狀所肖兮形如鉢盂覆其上狀若香爐然連天紫霄勢之穹兮以最出羣峯上揷於天漢以差低於連天亦接雲霄羅漢七佛像設留兮上有羅漢洞隱現莫測嵓中有銅像七尊靈隱來仙洞府深兮皆是聖所隱之處古老云此峯是神仙洞時有見者清涼寶勝梵刹標兮昔有清涼寺居其下又云尼寺名寶勝云瑞應瓊壁祥光紛兮峯多祥瑞夜有神人通體紅色面東一壁日出而色若銀彩紫葢翠華煙靄凝兮色紫秀宛若幢葢以其翠靄華茂故云藥堂紫微花草靈兮多生奇藥若王屋藥圓峯上生紫微花白道天德名字偉兮昔有道人白道猷隱此上有天然帝字一云帝字峯卓劍白雲形實紀兮狀若卓劍峯上四時多起

(白雲)金牛明月色像起兮(色若黄金其狀若牛峯中時現圓像如月)凝碧迎霞

天光聚兮(上多翠碧石在衆峯之東而迎其朝霞)玉華寶柱金石瑩兮(上皆玉石華茂於諸峯而形如柱皆五色或云有金玉故)繫馬白鹿神仙衆兮(下有子晉拜馬澗峯如馬柱或云仙人繫馬於上峯上多白鹿或云仙鹿其色皆白)此則六六之名義兮

而未覩六六之景氣丈人曰方春陽之盎盎兮燒痕蕪

沒而青青紛紅紫之繡錯兮引百囀之幽禽雄樓傑觀

兮切星辰而上侵玉僊神女兮乘輜軿而下征朱明草

木之扶疎兮蔽大 之午升山椒雲氣之冉冉兮若覆

甑而鬱蒸忽雨聲於天外兮勢翻盆而倒傾惟紫芝與黃鶴兮舞長空而產英金飈之驚葉兮山空落石若仙人之鍛聲夜月白而風泠泠兮玉笙清澈而餌聽暨玄陰林柯之脫盡兮山形瘦而骨稜稜氷雪橫積於千仞兮玉龍飛而白虎亭亭惟四時之出沒變態兮顯晦陰晴不可得而盡名豈特仰觀俯聽自辰及酉應接之不暇兮以盡朝昏此雖文人之所不能形容兮而豈公子之所可預聞文人曰突兀撑空兮千變萬狀山經地志

兮不可究量或背若相戾兮或面若相向或逮若相鬬兮或揖若相眂或散若相忘兮或聚若相訪或後者若和兮而前者若唱或畀者若下兮而尊者居上或喜兮若相攜或怒兮若相抗或若秦晉兮相匹或若楚越兮相望或聳瘦兮若峩冠或臃腫兮若挾纊或蹲伏兮若駝虎或崇聚兮若甕盎或威嚴兮若壯王或勇猛兮若梟將或決驟兮若風馬或浮空兮若船舫或若游郊原兮纍丘墳而包柩槨或若入宗廟兮紛豆登而鬱秬鬯

戢戢兮森劍戟落落兮列屏障勢領畧兮斷而還連狀容與兮宛而復壯超然若三十六天兮神僊之洞宅姹然若三十六宮兮妃嬪之游燕昂霄聳壑冠佩悠兮泉飛霞傾爵斝流兮天濶星熒玉枰成兮松篁瑟瑟鈞天迎兮嬌雲曲月鬟髻新兮烟斜霧蒸龍麝焚兮霞舒霓卷舞袖張兮雷霆轟轟宮車還兮言未既而公子頹然如醉兮洒然如醒非丈人無以藥之使瘳兮刮之使明僕未能窮茲山之勝踐兮究茲山之曜靈請執杖屨兮

以從後塵

建中靖國元年九月廿三日武林僧曇潜參寥書住持

少林禪師傳法沙門清江上石洛陽張士寧刊

右少室三十六峯賦樓異撰僧曇潜書按異有太室二十四峯詩殊不足觀而此賦叙述詳贍可備

參考書亦不惡録之

達磨頌

少林九年垂一則語直至如今諸方賺舉

實録檢討官著作佐郎黄庭堅書頌

右達磨頌黄庭堅題書字徑四寸餘在初祖菴按志稱嵩山有蘓黄書蹟令石柱所題余與子由一條袁中郎已辨其非東坡書矣其山谷書即此是也公在當時有盛名書史稱其楷法姸媚自成一家草書尤奇偉嘗自云於僰道舟中觀長年盪槳羣丁撥棹乃覺少進意之所到輒能用筆又公集中諸題跋古今人書衡論精覈亦頗自負今觀此

書揮洒如意故足成家

署書題名

太師魯國公蔡京書

右蔡京署書面壁之塔四大字題名也在少林寺宣和壬寅八月資政殿學士河南尹范致虛立石

按書史稱京書嚴而不拘逸而不外規矩大字冠絕古今鮮有儔匹今四大字亦甚佳惜徑逾尺不能入集耳

金

重修中嶽廟碑

大金重修中嶽廟碑

中憲大夫充翰林待制同知制誥上騎都尉江夏縣開
國子食邑五百户賜紫金魚袋臣黄久約奉勅撰奉政
大夫充翰林修撰同知制誥兼國史院編修官驍騎尉
賜緋魚袋臣郝闕書承直郎應奉翰林文字同知制誥
兼國史院編修官雲騎尉賜緋魚袋臣党懷英篆額

大定二十二年十月庚申以重修嵩山中嶽廟成未有紀述制詔臣久約書其事於石臣學術荒蕪實懼不克奉詔然忝屬禁林以文字為職雖甚愚陋其何敢辭於是承命戰兢退而書之臣聞五岳在宇宙間繇胚胎剖判之初鍾造化神秀之氣鎮壓厚地奠安一方噴薄風雷蒸騰雲雨材用繇是乎出寶藏繇是乎殖形勢巍然非他名山鉅鎮所可方擬若夫挺峻極之狀著高大之稱据天地之中央得五行之正位嵯峨岌嶪俯瞰河洛

號衆山之英者惟嵩為然爰自書契以來事跡靈異非
一祝融降而啟夏申甫生而興周浮丘公混俗以僑居
王子晉得道而僊去自餘高真遊覽玄聖棲遲圖諜所
傳不可殫舉維神尸之聰明正直克相上帝保佑生民
是宜歷代帝王靡不崇奉凡巡狩四方往往欵謁其下
而封爵之隆所以襃大之每有加而無替也舊有廟在
東南嶺上年祀緜邈莫知其經始之由魏大安中嘗徙
於神蓋山唐開元間始改建於此遭宋靖康兵革之難

海内俶擾飢饉荐臻郡邑凋殘寇盜充斥齊國建立創痍未瘳用兵不休賦役煩重故伊洛淮甸之間戶口蕭條爲甚廟之基構僅存而繕修不時上漏旁穿風雨騫剝玩歲愒日殆不能支歲時祭奠牲酒寂寥鼓鐘不設神弗顧享可勝歎哉皇朝混一區夏方隅底寧解嬈除苛政教清肅涵養休息復見太平自爾公私獻功稍就完葺然積久弊陋未足以稱神之居且當國家開拓之初地大物衆經營締構不失先後緩急之宜顧興作起

獎之功力或未暇如有待者洪惟主上纂明昌之緒題熙洽之期蒐獵遺文禮樂備舉嚴奉宗廟肇禋郊丘懷柔百神無文咸秩至於崇飾海内前代祠廟恒敬不忘況嶽瀆之在祀典有功烈於斯民者宜如何哉先是十四年秋九月勅遣中人諭指宰相諸嶽廟久闕修治宜加增飾其選使馳傳徧詣檢視以聞明年使者復命即以諸應費財用工徒與夫百物之數具圖上之粤十月壬午乃有重修之命且詔有司凡一夫之役一物之用

悉從官給無得煩民仍寛與之期戒勿倉卒涉於不敬以稱所以事神為民祈福之意維中嶽在河南府登封縣之境内尚書省乃以其事下於府府以是下之縣地官則以其費用屬本道轉運司出公帑之錢合廟中前後供施餘利驗其數以時給之冬官則以其夫匠均賦河南及旁近諸郡發其騶馭役夫之羡卒闕或不足則募諸游手之民隨時之高下而優予其直以付本縣令臣張子夏監護役事又命同知河南尹事臣宋嗣明總

治之諏日鳩功衆作畢舉廟制規模小大廣狹位置像設悉仍其舊無事改作視其棟楹榱桷之撓折朽敗者則徹易之垣墉階戺之缺罅摧圮者則更築之髹彤黝堊藻繪之漫滅不鮮者則加飾之煥然一新窮壯極麗吏無遺力人不告勞總爲屋三百三十有八間其西齋廳以待每歲季夏遣使祭祀之次舍不與焉始事於十六年四月丁未絶手於十八年六月戊子費錢以貫計之爲一萬四千九百六十有四用力以工計之爲四萬

八千三百六十有二落成之日丁壯垂白執持香華遠近畢湊皆大和會不謀同辭咸謂物之廢興成敗自有數存乎其間殆有非人力所能致而至者夫以五十年因循委靡之弊一旦變為殊絶偉麗之觀匪夫遭時隆平聖天子在位文明勤儉無為不成何以臻此嗚呼休哉昔漢武帝元封間嘗登茲山從官吏卒咸聞呼萬歲者三流傳後世至今稱美矧主上崇敬之心出於至誠如此古不云乎禮罔不答異時修貢效珍發祥隤祉復

生賢人為國藩翰輔成萬世無疆之休俾吾君壽考與山齊等永永無極其陰相之功又豈特區區徒見於祝願之間而已耶臣既序其本末以展歸美之報敢拜手稽首作為頌詩繫之於後頌曰瞻彼崧高維嶽之雄穹窿隱轔屹然地中奕奕神宮權輿東阪繇魏以來再徙寬衍上棟下宇揭虔妥靈規模顯敞氣象崢嶸遭時否屯兵火飢饉天未厭難人不堪命洒掃有闕隳頹弗支上雨旁風過者嗟咨大金受命恢闢疆宇燠休撫摩躋

民樂土皇帝御極寢兵措刑山川鬼神亦莫不寧維時
神宫久未遑卹皇帝曰嘻我心之惻乃諭近輔乃詔羣
司去舊取新經之營之毋資民財毋勤民力一出於公
訓其成式千柱眈眈萬瓦差差金鋪琁題輝映陸離落
成之初四遠咸集峯巒增明雲煙改色籩豆在席笙鼓
在庭神之格思松風泠泠工祝無求施則甚厚雖不望
報神其敢後厥報維何篤生賢人左右王室如甫如申
天子萬年永宅九有巍巍堂堂如山之壽下臣獻頌以

相工歌刻之豐碑萬世不磨

右重修中嶽廟碑黃久約奉勅撰郝 書在中嶽廟按此碑與宋盧多遜王曾陳知微碑體製豐崇相等令列立於崇聖門外左右各二四碑之中孫崇望邢守元所書盧陳碑俱無足取白憲書王碑差勝亦非上品惟此書結法遒勁蒼老可觀雖躋之唐人書中何多讓焉亟備録之以知能自立者未可以時代囿也

中天嵩嶽寺常住院新修感應聖竹林寺五百大阿羅

漢洞記

西京永寧縣熊耳山空相寺住持傳法吉祥大師賜紫

釋有挺撰奉議郎知永安縣事王道書

原夫大法界中支那東震旦大國聖宋壽山得其最高

勝妙者惟中嶽嵩高山卓然聳拔青雲之表林巒聳秀四

季嘉木岺崟羣山趨揖長時異花芬芳玉鏡珍寶輝然

是處光明巖洞泉源清流千古澄澈谷風松韻時呼萬

歲之聲瑞氣祥雲晝鎖千尋之境是國家禀佛戒福神中天玉英崇聖帝領鎮之地宮廟之所也是山之中有聖竹林寺何知之乎古傳記云唐蜀僧法藏來遊是山長安道稠桑店逢一梵僧持鉢肩錫問曰上人胡來而欲何往曰雲遊嵩嶽聖景曰可附一書與竹林寺堂中上座曰我久聞彼剎是聖寺羅漢所居嘗憾未聞其因可願佇聽高論開發前去曰上人豈不聞吾佛當年靈山會上以正法眼藏分付大迦葉傳芳流布授記付囑

大國聖主賢臣興崇外護無令斷絶勑諸大菩薩天龍八部一切神祇保衛國界勑五百大阿羅漢不得入滅長在人間天上赴供為大福田令諸尊者將諸眷屬止住其中是寺隨機緣或隱或現緣熟者甞見曰今日得聞未聞接書分衞而行法藏來至嵩前問人曰竹林寺何所是答曰但去到嵩嶽寺入石三門登逍遥臺望之山腹是也來至嶽寺入三門常住院禮謁衆僧安衣盂畢問曰竹林寺門從何處入曰我等甞聞是聖寺未會

得見但觀山腹三洞深邃無窮每有信士沿巖登險闕

幸雖得入聖寺
瞻敬又隨諸尊者赴帝釋齋因得覩三銖絹心生愛著
不覺身墜巖前聖境都失矣時耆年僧曰人間天上榮
顯富貴真奇異物積之山嶽若非是大權菩薩具正見
曉達明了應緣利生授用自在心常離欲示現貪染愛
著心圓梵行示現有諸　患心常清淨示現隨類生死
心行佛行示現逆順境界心無取證深悟禪理妙道或

不如然則為少分夢幻境物耽染愛著特之迷醉漂蕩
生死三界流轉更無少暇迴光自照究乎真實妙道大
患為障莫過此也汝今為出家上人同聖寺諸尊者授
天主供養事非小緣何故未除流俗愛物心非惟竊服
圓頂犯戒律章條重亦乃自昧真心妙道玷吾門何多
乎今此天絹亦非汝用之物當獻至尊頗為佳矣法藏
具表進時明皇在位聖恩撫問倍加宣賜爾後巖洞聖
境光明至今求者應現愈多院主崇政誘掖檀信施財

運土木等欲依山上洞樣建造一所斤斧才興感五羅漢詰虢州盧氏縣暘氏家託夢家長曰嵩嶽寺令造羅漢洞汝家當鑄鐵像五百身暘氏夢覺令人至寺果見興工造洞還報暘氏樂然鑄施五百餘尊像成隨喜信士之家願各以香花幡蓋依次經從迎接送至洞完像到奉安之次陳蔡二善友挈袈裟五百餘條至披挂像身應量齊等於是四方崇信一至春首香花供送駕肩隘道然燈燒燭盤迎品饌供養精誠得其感應燈未點之火

光自然齋食異香聖像先現是洞今有三經藏花塔狀
三聖洞香花供獻施者齊陳獲之感應三處俱有夫聖
境無邊順機各異無欺縱目可觀有昧觸違莫見名山
太室佛刹隱現其中聖凡交參晝夕往來無間登臨香
火萬口一稱獲斯聖境光明益今日之盛時一人聖德
聖感之至化伏願聖壽無疆金枝玉葉永茂帝道佛道
同興金輪法輪並轉親白仙族同固盤維文武賢臣皆
存忠烈風調雨順軍民康安四海晏清萬邦率伏羣生

遂性三教長隆知洞悟言丏記傳於金石永久無墜有
挺因普為缺正見佛行執有生死輪轉不了根本清淨
者修進圓之仍集佛教眼目兼以禪宗中妙旨録作明
證俾令一切悟明了達根本清淨具足正見佛行修進
證大菩提緣斯曾住是聖寺前白蓮菴將乎十年時親
瞻覩聖境光明殊勝不思議事非筆舌可窮今固敢簡
畧一二以塞其命頌曰天下名山孰後先嵩高神著混
元前聖凡共聚寧分别廟刹相依亦混然蓬島三山根

不囿華胥一境夢非堅寶光王柱擎雲漢春色峰巒戴曉
天幾柏倒生垂洞谷千松偃蓋覆巖巔登臨香火心同
願上祝今皇萬萬年
聖宋崇寧元年壬午歳十月初十日中天嵩嶽寺常住
院前住持僧崇政院主僧法應知洞僧悟言知庫僧悟
達同勾當修造僧闕用清信弟子焦泰施財刋字劉友
諒刻
山野前住法王嘗遊嵩岳寺見此碑經兵革火燒毀壞

棄於荊棘之中遊人見者呵噓難以辨認嗟乎恐聖境以遠難得聞耳遂諸處追尋得全本謹捨衣盂命工刊石使聖境重興以久留傳不絕矣旹大金大定二十九年八月十五日會善寺閒居嗣祖沙門淨浩重上石寧陵普照比丘廣真書嵩陽高澄刊

右聖竹林寺羅漢洞記原宋崇寧年間釋有挺撰王道書此其重刻於金大定二十九年者也僧淨浩跋廣真書在會善寺按崇寧原碑今在嵩嶽寺

揩砌下小正書破壞強半字亦糢糊是以置而録

此

元

少林禪師裕公碑

大元贈大司空開府儀同三司追封晉國公少林開山

光宗正法大禪師裕公之碑

翰林學士承旨資善大夫知制誥兼修國史臣程鉅夫

奉勅譔集賢侍講學士中奉大夫臣趙孟頫奉勅書嘉

議大夫禮部尚書臣郭貫奉敕篆額
皇慶元年春集賢大學士榮祿大夫臣陳顥奏請封贈
少林開山住持光宗正法大禪師福裕制贈大司空開
府儀同三司追封晉國公命詞臣文之碑臣鉅夫奉職
惟謹佛法相傳有信具至達摩持以航海梁武帝問道
不契去之魏隱於嵩山少林寺面壁九年為禪宗鼻祖
六傳而至大鑒復派而為五師所居達摩處也其宗以
湛然常寂為真空洞不虛為實廣大不蕩為際其教人

亦惟曰性善其論曰推一而萬則事無非真混萬而歸一則真無非事故曰當仁又曰能仁陰有以格君心而賛皇猷未嘗以福田利益嘐嘐語人而慈雲法雨陰覆潛被歷代帝王意欲清心靜治使萬姓蒙福謂浮圖言可底行奉之深至此其大畧也歲乙巳世祖潛邸命師少林大作資戒會俾建精舍於故里曰報恩給田若物以飯衆戊申定宗詔住和林興國未朞月憲宗召詰帳殿奏對稱旨俾總領釋教授都僧省之符優復僧尼得

廢寺二百三十有七區庚申世祖即阼因論辨偽經馳
駟以聞火其書仍襲爵賜光宗正法之號時萬壽祖席
無可當之者衆請師主之計以堂鉢之費未免經葺得
都南柳林閒田二百頃餘辟玉泉北墅觀音别院自餘
藥室浴宇賈區捨其贏以卒歲尋分建和林燕薊長安
太原洛陽為五少林始終萬壽十四夏主護之力居多
既老倦於接納歸棲嵩陽未久示微疾書偈告終俗壽
七十三僧臘五十二嗣法小師三十人度弟子千餘指

奉戒者莫可紀嗚呼師去世已遠今上皇帝寵以贈典
言行而道大也皇帝若曰洪惟世祖神武不殺本仁祖
義以一天下朕欲昭我祖德持盈守成惟爾克紹乃初
祖永孚於仁以宏濟我兆民顧先哲其逝朕弗克見於
玆邈焉雖去來夢幻無得而名封謚哀榮豈不在我其
尊爾官隆爾爵以寄余思以迪後人以永譽於萬世師
之往世也三閱藏典而成誦誘掖後學無倦色通羣書
善翰墨吟咏提唱普說幾十萬言播在叢林而師未始

以為能事幼遭世變煢然無依道逢老比丘勸以學佛曰能誦法華足矣師曰佛法止是乎比丘異之與偕謁休林古佛於仙巖曰此龍象種也當為大器即為祝髮授具與雙溪廣公同執事者七年游方來燕親炙萬松師又十年道益隆名益著學者日益廣其住少林也萬松老師實為之主屬嵩少煨燼之餘暫憩緱氏之永慶已而興仆起廢訓徒説法施者如丘山來者如歸市嵩陽諸刹金碧一新洛陽白馬經筵不輟皆師力也師瞑

目晏坐彌寂默若無與焉至元八年春詔天下釋子大
集於京師師之嗣法者居三之一其盛哉師剛果強毅
公勤廉明平居風神閒散襟度夷曠復嵩山如祖師再
出世倡道垂教於天壤間如鼓雷霆而揭日月所謂大
善知識標準斯世沒而不朽者歟師字好問以雪庭自
號太原文水張氏子九齡入學日了千言鄉閭曰聖小
兒方娠母有異夢及生家有吉徵其說法也涸池出泉
古殿有光瑞應非一端云門人慧慶以師平昔著述刻

梓既壽其傳仍以道行碑輒請於上追念父師少不失
報效之義是可銘銘曰佛以仁傳聖以仁治其仁伊何
此心而已混未嘗混照徹大地推未嘗推淵澄止水梁
皇有為不諧其古誰直其宗曹溪東逝逮我裕公道還
北矣師少不凡見稱州里休林古佛真源指示至老游
參持戒律已萬松休林合辭招致參從渡河幾三百指
緇俗趨走營施山委嵩陽諸刹金碧暈跂洛陽大講經
歲不弛二百四區羣廢盡起僧無徭役大衆歡喜曰一

佛出世遇明天子其人已滅其道不死不空不住天地
終始帝命曰咨章服是宜百世其承之四方其則之惟
爾法是依惟爾言是師臣拜稽首聖敬不違播為聲詩
永之茲碑
延祐元年十一月日門人慧慶建宣授祖庭大少林寺
傳法住持嗣祖沙門普就集賢大學士榮祿大夫陳顥
立石洛陽耶律德思刻
右裕公碑程鉅夫奉勅撰趙孟頫書在少林寺按

文敏書法為元朝第一此碑奉勅書不當假手乃
覺肥愞少風力何耶然筆自有致

楝公茶榜

大都大聖壽萬安寺諸路釋教都總統三學壇主佛覺
普安慧湛宏教大宗師楝公茶榜

昭文館大學士中奉大夫特賜圓通玄悟大禪師雪菴
頭陀溥光撰并書

竊以隨緣應物無非回向菩提指事傳心總是行深般

若欲破人間之大夢須憑劫外之先春伏惟佛覺普安慧湛宏教大宗師寶集正宗轉輪真子學冠於竺乾華夏顯密圓通神遊於教海義天理事無礙笑辟支獨醒於一已擬菩提普寤於羣生借水澄心即茶演法滌睡眠於九結破昏滯於十纏於是待蟄雷於鹿野苑中聲消北苑採靈芽於鷲山頂上氣靡蒙山依馬鳴龍樹製造之方得法藏清涼烹煎之旨焙之以三昧火輾之以無礙輪煑之以方便鐺貯之以甘露盌玉屑飛時香徧

閻浮國土白雲生處光摇紫極樓臺非關陸羽之家風壓倒趙州之手段以致三朝共啜百辟爭嘗使業障惑障煩惱障即日消除資戒心定心智慧心一時灑落今者法筵大啟海衆齊臻法是茶茶是法盡十方世界是箇真心醒即夢夢即醒轉八識衆生即成正覺如斯煎點利樂何窮更欲稱揚聽末後句龍團施滿塵沙劫永祝龍圖億萬春

至大二年正月十五日門資上座德嚴刻石於嵩山戒

壇寺

右茶榜釋溥光撰并書至大二年刻於戒壇寺為石四兩面刻凡八幅今移立在城西峻極下院按王世貞跋云元僧溥光書茶榜風骨頗遒勁惜胸中無大字骨令天趣流動筆端結習未忘超灑不足又周叙記云元雪菴所書茶榜字徑三寸許遒偉可觀今觀其書筆雖過豐而結體遒緊有清臣誠懸之風書史亦稱其工大字録之按此書體大裴潰為繁節

録亦
可

海市詩

冨察大使索海市詩

應天以實不以文人間世事徒紛紛一自元豐感靈應百年異代殊無聞山東安撫心好道一過蓬萊問芝草深期怳惚通仙靈不見嘉祥慘懷抱是時巨海風濤息萬里涵空襯天碧天邊和氣生紫烟海上羣仙削青壁層城異木當頭現甲馬神兵隨後變雲幢烟蓋出山尖

寶閣瓊樓浮水面參差有若蓬萊宮乍移三山出海東
鶴駕逍遥近西岸來向清時振道風　丘立按丘長春名處機
右海市詩末署丘立字無名立字下鈐玄門演道
宗師之印相傳稱為丘祖碑分三層刻無年月在
崇福宫冠天師傳碑陰按嵩嶽志云金丘長春世
為嵩陽顯族大定初遇重陽真君於海上傳其學
至元巳夘太宗以蒲輪起於昊天觀至見上於漠
北大雪山之陽似即其人也此詩及字皆瀟灑可

觀乃兩志俱不載録以備考

明

過少林諸詩四首

將往宜陽迂道過少林有述二首是日小雨薄暮方霽

披霧縱幽尋頻年說少林到門山雨至繞寺石泉吟花落中天淨松藏太室深燈龕耿未滅猶自照禪心

草樹連中嶽烟霞帶北邙古禪傳後魏巍碣峙初唐地僻鯨音壯峯高鶴韻長浮丘招未去夜夜禮名香

會善寺

青山迂轡至不顧客程違荏苒惜芳歲流連餘落暉石同僧貌古泉共梵音微亦有箕山對無人禁采薇

戒壇寺

兩日登三剎興衰亦漫傷樹交雲榻廢草長石壇荒乞供朝馴鴿棲禪夜怖狼惟餘茶榜在贏得打碑忙

既宿少林次日復捫蘿因得二境毁棟荒基顧瞻索然風景益更奇勝各賦一首并書於此嘉靖元年三月

十有四日南原王韋記事

右詩王韋題書刻於一石在少林寺　按書史王韋號南原善書亦能詩

嵩嶽道中詩節錄一首

祭告嵩嶽道中

圭臺夙駕赴星期嵩少平分岱華奇寶相莊嚴中嶽殿祥光璀璨萬年枝周筌沈寂殘河夜漢柏孤森欲曙時歸路尚聞仙樂奏怳疑雲外步虛辭

嘉靖丙辰秋八月華亭笠江潘恩書

右詩潘恩撫豫時以祭告至嵩用太宰喬白巖韻

作也在少林寺今録一首

少林漢柏二詩

遊少林寺值雨同丁元父給諫

清晝入門春霧濃坐深檐溜遞踈鐘泉聲欲過三花樹

雲氣常生二室峯入夜蕭條清客夢翻堦滴瀝滞遊蹤

明朝擬趂嵩高目好放晴光隨杖龍

嵩陽院觀漢封三柏

嵩陽宫外柏三株漢帝遺風今記無翠靄尚留龍馭遠
青天時有鶴羣呼年深飽歷風霜色世渺全荒王檢符
欲問興亡千載事不知人代幾榮枯

嶺南區大相

右詩區大相題書二石在少林寺

少林寺題名

萬歷甲戌冬毘陵唐鶴徵來訪孫熈宇年丈也

右題名在少林寺

廟寺諸詩四首

中嶽廟

嵩少夫何極中嶽名獨尊杖策千里外陘峴手自捫朅來梵宇憩不數祇樹園古樹浮夕靄蒼翠明朝瞰形勢互迴薄周遭虎豹蹲雲霞麗丹闕日月夾層軒佛燈然長夜鐘聲時在門游絲靜不飛春鳥爭自喧奇趣茲已窮洗心道亦存素衷諒有孚勝遊竟難護卜築行拂衣

無令孤願言

法王寺

訪勝屢回枉寄興良不勘漠漠岫烔霏泠泠巖露泧沾濡意已困憩頓聊所遺倚筞玉柱峯歷覽信窮遠連巖互參錯雲物森婉孌古刹制未頹高棟負絶巘方池不盈咫洞徹足淺淺采采金蓮花盈盈玉鑑展紛吾塵滓隔心顏藉霑洗慷慨有深衷從兹却軒冕

少林寺

久懐少林遊今宿少林寺綺麗仡誰構嶻宫敞復邃岩壑爛相㬛檜柏鬱而峙高棟排雲日虚牖藹蒼翠霽色麗遥岑川原迥相媚我來薝蔔下恍從天外至梵香徧空虚塔影照無寐秉炬躡層梯磨碑識古字已斷區中縁何知身世累沃野饒沙塵聊此停征駟

面壁石

折蘆浮渡江震旦揭真諦心非轉法輪義不立文字九年面壁人寂寂縁底事石中一片影參取西來意

萬歷丁亥四月初九日天台王士崧書

右詩王士崧題書在各本廟寺結法凝整録之

遊嵩山即事詩

太室少室蓮花巾大熊小熊巢父鄰喜從黄社遭賢令

笑共青山閱過人茶竈煮來秋月冷芝藍提去夕陽貧

盧巖已不知鴻一名姓何勞著片珉

傚韋燕明府同遊嵩少酌盧巖瀑布踏月還登封賦此

奉贈萬歷壬寅九月七日漏三鼓南充黄輝

右詩黄輝題書在少林寺按公與董宗伯同時齊
名續書史稱其楷法鍾元常亦作行書洵佳筆也
少林禪師道公碑節錄題銘
嵩山少林寺賜紫住持曹洞正宗第二十六代禪師道
公碑銘
華亭董其昌撰并書
嵩高少室天地之中大乘氣象鬱鬱葱葱破顔末會面
壁真風祖佛非殊惟變乃通其一般若無知靈光不昧

如清涼池如大火聚直下便是擬向即背奇哉衆生具
如來慧其二

五家宗吉如世畫師虛空可拈丹青不施
泥牛月吼木馬風嘶不居空劫不落今時其三

爰有道
公僧中之傑傳湼槃心吐廣長舌雙桂開敷三花屹嵲
一代時教永存珉碣其四

萬歷三十七年正月吉旦門人慧如等立石

右道公碑董其昌撰并書在少林寺按宗伯爲當
世名筆而此書過於豐腴豈其壯年所書如是耶

僅録其銘

登嵩詩節錄一首

登嵩

丹巖翠嶂倚晴空呼吸還疑帝座通至北至南均日景

交風交雨列天中高含元氣三台近分奠坤維四嶽同

豈為山呼崇祀典虞廷柴望已無窮

邢臺傅梅撰

右傅梅撰登嵩八首之一也公字元鼎邢臺人萬

歷中為登封令著嵩書十三篇嵩之形勝古蹟碑碣表章居多其所題刻亦多大約皆其幕容柏鄉王正民筆也公有功於嵩錄此識之

補遺 唐行書

景賢大師身塔記

唐嵩山會善寺故景賢大師身塔石記

左拾遺太山羊愉纂沙門温古書

大師諱景賢菩提大通法胤也本姓薛氏汾陰人世為

著族容貌秀偉見者肅然幼而神明周覽傳記弱冠投心大覺宿好都遣問道於闕 智寶禪師師言法王大寶世傳其人今運鍾江陵玉泉次一佛出世亦難遭矣則星馳駿邁而得大通發言求哀揮汗成血大通煦彼精懇喻以方便一見悟入冏然昭洗屬世議迫隘遠迹幽絶客居巴峽三抗山中山尋霓闕 豺虎搏噬毒癘蒸鬱而我歲時晏居初無惱害豈道為之守而神靈保綏良可知也久之廣大圓極悉心以獻大通怡然克

荷相許付寶藏傳明燈為不讓矣時神龍五載也中宗聞風詔請內度法衆仰德乞留都下大師雅尚山林迫以祈懇或出或處存乎利濟化自南國被乎東京向風靡然一變於代蓋三世諸佛闕 法印妙極之用言外之功不可得而聞也觀乎萬形蠢蠢於黑闇千界熙熙於熱毒如來有以登大闕灑甘露雖相示寂滅而業導龍象則我先佛法身湛然常住者矣始先祖師達磨西來歷五葉而授大通赫赫大通濟濟多士寂成福藏爛

其盈門同波派流分景並照亦東闕之盛也嘻世相不實闕盡誰闕菩薩知時示同闕物開元十一年龍集癸亥歲八月在嵩山會善道場現有微疾沐浴晏坐神精儼然翊日而謝春秋六十有四雲山慘毒庭樹凋摧矧夫情靈痛可言也門人比丘法宣比丘慧巘比丘敬言比丘慧林等不勝感戀奉為建塔迢亭葩赫出於嵩半主上追懷震悼賜書塔額署曰報恩存沒榮幸山川光燭廿年又起身塔於北巖下永奉安焉若其精微成著

之勤乘定發慧之用堅剛勇猛之操大悲廣衍之業率皆碑版所詳不復多載也

開元廿五年歲次乙亥八月十二日建

右景賢大師身塔石記羊俞撰釋温古書在會善寺書法略似道安碑而稍遜之按年月即應次道安之後因集成始得補録於此　又按王維有留別溫古上人兄詩云宗兄此削髪葢其族人必亦可稱者也

紀遺自漢至唐止

東漢

中嶽廟石闕銘此下石今尚存而未錄入集者

右按嵩高志云中嶽廟石闕在廟正南神道漢安帝元初五年陽城長呂常造闕銘載藝文其銘曰

惟中闕　嵩高神君闕　休闕最純春生萬物闕方起雲潤施源流闕淙闕宣並天四海莫不蒙恩聖朝肅齊本文作敬衆庶所尊闕　奉起闕

盡勤闕　功德刻石紀文闕顯闕異以傳後賢

今石闕尚存其字剝落不堪摹搨矣自惟中至後

賢凡八行乃小隸書其後相連尚有二十餘行字

益漫滅不可識也

北魏

會善寺浮圖銘

右按塔銘云神龜三年七月三日魏故太傅侍中

太尉公清河王懌世子元亶字子亮次子元闕字

于開奉爲建七層塼浮圖一區敢用頂髮及諸雜
寶上塔追誠崇敬千載弗忘謹銘函蓋在會善寺

北齊

碑樓寺碑

右碑天保八年丁丑立其詞盖紀劉碑爲首造碑
之緣起也今在本寺俗稱劉碑寺碑刻佛相文列

上方

少林寺碑

右碑武平元年立在少林寺

會善寺碑

右碑武平七年立在會善寺二碑皆面刻佛相碑陰刻文　以上四碑字皆拙劣故不録入

龍華寺石幢

右石幢二北齊時立今在龍華寺門荒草中刻尊

勝陀羅尼經

嵩嶽寺石幢

右石幢二在嵩嶽寺亦刻陀羅尼經無年月觀其制度則亦唐以前物也　以上四幢皆漫漶不佳不録

唐

永泰寺庭東石幢

右石幢在永泰寺庭東永淳二年立刻陀羅尼經與庭西小異字頗漫漶不及西幢故録彼置此

會善寺碑

右碑面上半刻佛相下已蝕盡似非唐製其碑陰
隸書乃唐麟德三年亦漫漶不可搨矣在會善寺

淨藏禪師身塔銘

右塔銘天寳五年立無撰書姓名在會善寺西塔

尚歸然字未馴雅刪之

大證禪師碑銘

右碑闕　撰道士盧元卿書隸書元和二年立在

嵩嶽寺後與徐浩書大證禪師碑並欹仆荒坡中

強半剝落字亦肥重刪之

岑禪師舍利塔碑

右碑闕　撰高通理書太和二年立在會善寺漫漶不可搨

告成斷碑

右碑在測景臺左今已斷破字沒殆盡矣僅其第一行猶存大唐洛州登封縣七字亦不可搨

李嶠大周降禪碑此下題文見嵩志而石今無存者

崔融啓母廟碑

楊炯少姨廟碑

陳子昂潘尊師碑頌

李邕嵩嶽寺碑

盧鴻一四銘

右按盧鴻一四銘為望都雞鳴二峯中天門玉女擣帛石銘文不傳陳文燭遊嵩山記云隱士讀書盧巖圖十景勒四銘山中乃諸志止載十志未載

銘文云

釋義淨少林寺戒壇銘

右按王世貞跋云少林戒壇銘開元三年為學生張傑書當是時傑應尚少且不以書名而筆法老成乃爾又時未盡習帝書故猶有瘦勁意據此則鳳洲時此碑尚存也今於少林寺及戒壇故址徧索之不可得

韋行儉中嶽廟記

李方郁修中嶽廟記

李華中嶽越禪師塔記

楊植許由廟碑

右按令許由廟在箕山有嘉靖八年登封令嘉定侯泰重立小碑載此文末有跋云侯令邑三載公暇巡行阡陌乃登箕絶頂歎曰先生之風雖高而先生之行無碑記以表章之後之采風者安有所據耶必有不軌之徒欲便已私以壍之耳果爾蒐

遺文於深土而石碎也遂命屬隸轃鑴此心庶幾
乎少慰据此是得碣於土而石碎重鑴耳何云轃
鑴此語頗未曉今原碣碎石無復存者

韓退之登封尉盧殷墓誌銘

右墓誌當有刻石然按本誌云殷以飢寒死韓與
買棺卒無子女一人為比丘尼則當日或以貧死
無子此銘未嘗入石亦不可知也

韓退之天封觀題名

右按嵩嶽志云天封觀石上有韓文公題名歐陽文忠公跋嵩高志載韓公天封觀題名云元和四年三月二十六日與著作郎樊宗師處士盧仝自洛中至少室謁李徵君渤樊次玉泉寺疾作歸明日遂與李盧道士韋濛僧滎過少室而東抵衆寺上太室中峯宿封禪壇下石室遂自龍潭寺酌龍潭水遇雷明日觀啟母石入此觀與道士趙元遇乃歸閏月三日國子博士韓愈題又歐陽修跋云

右韓退之題名二皆在洛陽其一在嵩山天封宫石柱上刻之記龍潭遇雷事天聖中余為西京留守推官與梅聖俞遊嵩山入天封宫徘徊柱下而去遂登山頂至武后封禪處有石記戒人遊龍潭者毋語笑以黷神龍龍怒則有雷恐因念退之記遇雷意其有所戒也其一在福先寺塔下當時所見墨蹟不知其後何人摹刻於石也据此當在石柱而今無之豈别有一柱而後已亡焉者耶

中嶽廟斷碑

右按陳文燭記云中嶽廟碑刻百數其豐碑王曽撰斷碑徐浩八分書葢未詳撰人姓氏而季海八分則當與嵩陽宮紀聖德碑並傳矣今訪之廟中不可復得惜哉

會善寺石柱題名

右按袁宏道記云會善寺石柱上有唐宋題名字極精今亡

嵩陽石刻集記卷下

總校官候補知府臣葉佩蓀
校對官編修臣馮敏昌
謄録監生臣狄景通

圖書在版編目（CIP）數據

嵩陽石刻集記 / (清) 葉封撰. — 北京：中國書店, 2018.2

ISBN 978-7-5149-1874-8

Ⅰ. ①嵩… Ⅱ. ①葉… Ⅲ. ①石刻－中國－古代 Ⅳ. ①K877.4

中國版本圖書館CIP數據核字(2017)第312444號

四庫全書·目録類

嵩陽石刻集記

作　者　清·葉　封撰

出版發行　中國書店

地　址　北京市西城區琉璃廠東街一一五號

郵　編　一〇〇〇五〇

印　刷　山東汶上新華印刷有限公司

開　本　730毫米×1130毫米　1/16

印　張　18.5

版　次　二〇一八年二月第一版第一次印刷

書　號　ISBN 978-7-5149-1874-8

定　價　六八　元